荣耀时代

皇家珐琅的尘封往事

王蒿 著

湖南科学技术出版社·长沙

这是由一个**壶**引发的故事，

一个**签名**引发的猜想……

清宫旧藏

La collection de la Cité interdite

引言 | Préface

❶ **珐琅彩**（瓷胎画珐琅）

彩瓷品种之一。系清代康熙晚期在康熙皇帝的授意下，将铜胎画珐琅技法成功地移植到瓷胎上而创烧的彩瓷新品种。以雍正、乾隆时期的产量最大，乾隆以后即少有制作。乾隆时期，宫中收藏的珐琅彩瓷器曾集中存放在端凝殿，据档案记载有400多件。按照清代宫廷档案记载和珐琅彩瓷器原盛匣的标识，珐琅彩瓷器正式名称应为"瓷胎画珐琅"。珐琅彩瓷器是专供帝后玩赏的艺术品，宫廷控制极为严格。制作它所需要的白瓷胎由景德镇御窑厂提供，运送到宫廷后，在皇帝的授意下，于内务府造办处珐琅作由宫廷画家精心彩绘，宫廷写字人题写诗句、署款，最后入炭炉经600℃左右焙烧而成。

1924年，冯玉祥利用直、奉军阀混战之机，发动"北京政变"，随后将逊帝溥仪赶出了紫禁城。之后，临时执政府与清室人员共同组成"清室善后委员会"点查清宫物品。据当时参与点查的人回忆，当他们来到乾清宫端凝殿（图0-1）的时候，惊讶地发现在这已经破旧得漏雨的房子里，竟然存放着数百件在当时就已价值连城的珐琅彩❶（瓷胎画珐琅）。与它一同保存的还有本书的主角铜胎画珐琅，以及玻璃胎画珐琅、紫砂胎画珐琅，除去胎体材质，它们共同的特点都是采用画珐琅工艺装饰纹样。

▲ 图0-1　端凝殿旧影·民国时期拍摄

珐琅，是一种应用于金属、陶瓷、玻璃等器物表面上的玻璃质的装饰材料。通俗地说，珐琅即是玻璃，属于玻璃类物质中的一个品类。它是以石英和长石为主要原料，以硼酸为助熔剂，通过低温烧制而成的玻璃料。这种不透明的白色易熔物质加入不同的金属（如钴、锑等）氧化物呈色剂后形成不同的颜色，通过烧制附着在器物表面，具有美观且耐腐蚀的优点。根据装饰工艺的不同，又可以分为掐丝珐琅、画珐琅等。掐丝珐琅是以金属为胎，先用金属丝掐成花纹或图案轮廓，焊接到金属器物表面，然后用粉状或糊状珐琅填充、烧制而成；画珐琅则是以金属、玻璃、陶瓷等多种材质为胎，以各色珐琅为颜料绘画后烧制而成。以金属胎（多数为铜胎）画珐琅为例，通常是在胎体表面先烧制一层白色珐琅釉，再于白色基底上绘画后烧制（图0-2）。

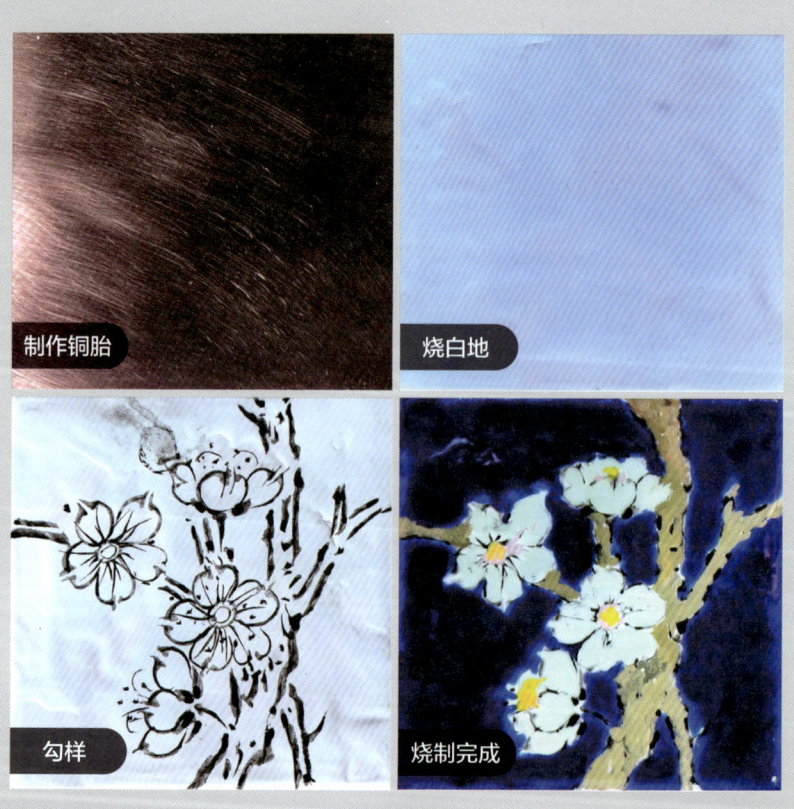

▲ 图0-2 铜胎画珐琅制作程序

掐丝珐琅起源于公元前15世纪的地中海沿岸地区。经过长时间的发展，公元11—13世纪拜占庭帝国的金胎和铜胎掐丝珐琅工艺达到鼎盛，被广泛应用于宗教法器的制作，其辉煌成就举世闻名。元代，掐丝珐琅工艺传至中国。传统观点认为是阿拉伯人向中国工匠传授的掐丝珐琅技术，但根据最新的研究表明，传授技艺的人很有可能来自拜占庭帝国。清代，负责制作皇家御用器物的机构是内务府下属的造办处，其根据皇帝的旨令或宫廷生活的需要制作，每一件器物都有详细的记录，档案的名称为"活计档"。在活计档中，采用掐丝珐琅工艺装饰的器物多为铜胎，故记录为"铜胎掐丝珐琅"。时至晚清民国之际，因文献记载明代景泰时期的掐丝珐琅器最好，于是铜胎掐丝珐琅有了一个日后家喻户晓的俗称——"景泰蓝"。

画珐琅起源于15世纪的欧洲，一般是指金属胎上用珐琅料彩绘后，以低温烧制而成的器物或装饰嵌片。法国的利摩日（Limoges）在15世纪晚期发展成为画珐琅重镇。此外，法国巴黎附近及欧洲各国也陆续开展画珐琅的制作，除了画珐琅器皿，还有钟表和鼻烟盒上的嵌片等。利摩日画珐琅在17世纪开始走下坡路，与此同时，欧洲又兴起数个重要的画珐琅制作中心，如法国布卢瓦、瑞士日内瓦、德国奥格斯堡等地。其中日内瓦一直到19世纪都是珐琅装饰小件和珐琅画的重要制作中心（本书将会提到的一个人物 Joseph Coteau[2] 即是来自日内瓦）。17世纪晚期至18世纪早期，画珐琅工艺进入中国后，受到当时最高统治者的青睐，获得迅速发展。乾隆时期的广州作为宫廷画珐琅工匠的输送基地和贸易口岸，其制作的画珐琅器物不仅是行销欧洲的商品之一，还成为进入宫廷的贡品。在活计档中，经常将本土制作但工艺来自西洋的金属胎（多为铜胎）画珐琅器物称为"西洋珐琅"或是"铜胎画珐琅"，将广州制作的铜胎画珐琅器物称为"广珐琅"。故宫博物院共收藏金属胎画珐琅器物达2 000余件，

---

[2] 约瑟夫·科托（1740—1801）
Joseph Coteau

在日内瓦出生并学习画珐琅技艺，1772年到法国巴黎工作和生活一直到生命结束，成为法国18世纪著名的珐琅画师。

绝大多数是清宫旧藏，除个别几件为金胎以外，其余的皆为铜胎。瓷胎画珐琅现称为"珐琅彩"，玻璃胎、紫砂胎画珐琅亦屈指可数。因此，故宫博物院在保管和使用金属胎画珐琅文物时，通常直接使用"画珐琅"指代，除非特别强调胎质。通常情况下，"画珐琅"皆指铜胎画珐琅，本书亦沿用此习惯。

在清宫旧藏画珐琅中，既有清宫造办处珐琅作的作品，亦有广珐琅，制作时间则从康熙时期至清晚时期。在西洋传教士的指导下，康熙朝造办处的工匠完全掌握了铜胎画珐琅的制作技术后，又将其成功应用在瓷胎、玻璃胎、紫砂胎上。于是，造办处里烧珐琅料的匠人、玻璃匠、瓷画匠、画珐琅人、画画人等运用不同材质、掌握不同工艺的工匠都参与制作。在造办处送来的金属胎、玻璃胎上，在景德镇送来的瓷胎上，在江苏宜兴送来的紫砂胎上，用从西洋采买而来，或是景德镇、广东炼制好送来，又或是清宫玻璃厂炼制而成的珐琅料绘制纹样。再根据不同的胎体材质，进行不同方式和温度的烧制。由此，一件件精美的不同胎体的画珐琅器物被制作出来，并落下本朝皇帝的款识，如"康熙御制""雍正年制""乾隆年制""大清乾隆年制"等。

时至今日，在故宫博物院和台北故宫博物院的收藏当中，共有康熙款画珐琅器 60 余件，雍正款画珐琅器 80 余件，乾隆款画珐琅器 900 余件。乾隆帝在位期间，陆续选取康雍乾三朝瓷胎、玻璃胎、紫砂胎、金属胎画珐琅器物，进行系统化整理和定名，装入楠木匣后集中存放于乾清宫端凝殿和宁寿宫中。

在端凝殿存放的各种胎质画珐琅器历时二百余年，除少数被历代清帝取用外，绝大多数被完整保存下来。因此，当点查清宫物品的人员进入这破旧不堪、到处都是尘土的房屋时，即刻被这些精美的器物深深震撼。当时，没有人知道它们为什么会存放在这里；也不会有人知道，瓷胎、玻璃胎、紫砂胎上的画珐琅工艺其实皆源于金属胎画珐琅工艺；更不会有人知道，画珐琅曾经代表着康雍乾三代帝王功业的辉煌与荣耀。

　　一百年来，随着大量文献、档案的公开和出版，以及专家学者不断地深入研究，画珐琅的尘封往事得以拨云见日，越来越清晰地呈现出来。本书即带您领略清宫旧藏铜胎画珐琅器的风采，追寻它的发展历史，探究康雍乾三帝对它情有独钟并引以为傲的深层原因。并且，作者在日常整理研究文物的过程中，意外地发现一件曾经在宁寿宫收储的乾隆款铜胎画珐琅菊花纹壶上，竟然隐藏着一个西洋工匠的签名。在随后的研究中，越来越多的证据说明这件菊花纹壶是乾隆帝在法国定制的器物。那么，乾隆帝为何要在法国定制画珐琅器物？法国制作的器物又为何要落"乾隆年制"款识？本书将为您揭示其背后的奥秘。

永丰存碑

第三章

Un monument pour l'éternité

乾隆皇帝 ……088
端凝殿 ……093
宁寿宫 ……100
意外的签名 ……110
广珐琅 ……150
实用性 ……156
关于艺术 ……162
后记 ……184

可观

A l'avenir, nous fero

档案中的记载 ……056
关于艺术 ……064

Sommaire

第一章

西远
洋胜

Une avance considérable sur l'Occident

康熙皇帝 …………………… 006

『太阳王』路易十四 …………… 014

传教士 …………………… 020

中国工匠 ………………… 023

有关政治 ………………… 030

关于艺术 ………………… 034

第二章

雍正皇帝 ………………… 052

目录

Chapitre I

第一章

远胜西洋

Une avance considérable sur l'Occident

康熙四十二年（1703）三月二十六日，康熙帝召曾经的帝师高士奇入宫觐见。高士奇后来记述道："上命近榻前，观新造玻璃器具，精莹端好。臣云：'此虽陶器，其成否有关政治。今中国所造，远胜西洋矣。'上赐各器二十件，又自西洋来镜屏一架。"此段记载虽在说玻璃器，但西洋透明玻璃技术是和画珐琅工艺在同一时期进入中国的，并且同时受到了康熙帝的重视。高士奇深知帝心，"成否有关政治""远胜西洋"一语中的，以至于康熙帝大悦，当时就赏赐他二十件国产玻璃器。那么，对于康熙帝来说，玻璃、画珐琅器物的制造为什么会"成否有关政治"呢？康熙帝是如何利用这些西洋传来的技术在中国生产器物并"远胜西洋"的呢？本章试图一探究竟。

康熙时期的玻璃器传世极少，刻有款识者更是凤毛麟角，故宫博物院藏品中有且仅有一件康熙款白色玻璃八棱水丞（图1-1），弥足珍贵。水丞造型奇特，类似西洋的墨水瓶，其装饰手法也迥异于中国传统的工艺手法，有可能是当时清宫造办处玻璃厂内任职的西洋传教士所烧制，并按照西法琢磨而成。此水丞是清代早期玻璃制品的珍贵实物，反映了清宫造办处玻璃厂建立初期的工艺水平。

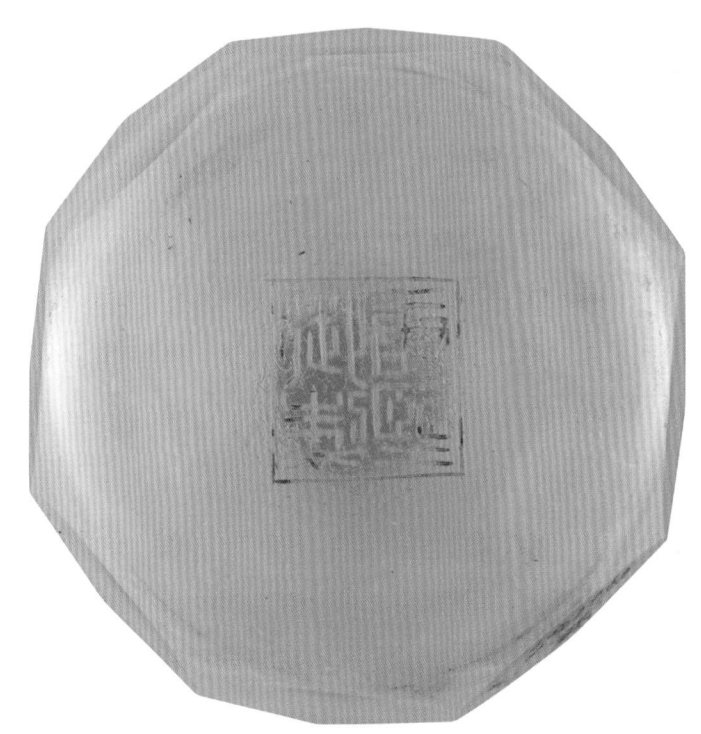

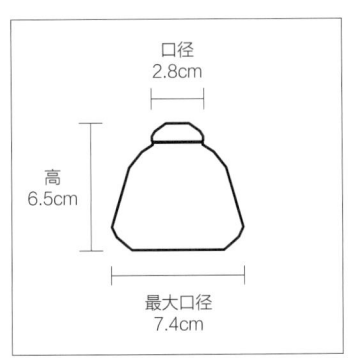

◀ ▲ 图 1-1　康熙款白色玻璃八棱水丞及款识·故宫博物院藏

　　水丞为有模吹制、再经琢磨等工艺而成。器身呈馒头形，小口，有盖，平底。通体为无色透明玻璃。器腹表面经过琢磨，呈八面莲瓣形。器盖磨饰成六角连锁菱形。底部阴刻"康熙御制"双竖行篆书款。

　　任何一种技术和文化，诞生以后必然有其地域性，因为传播有障碍。画珐琅工艺之所以能在 17 世纪漂洋过海来到中国，和当时东西方两大雄主的积极推动是分不开的，他们就是中国的康熙皇帝和法国的"太阳王"路易十四。

康熙皇帝

L'empereur Kangxi

清圣祖康熙皇帝名玄烨，爱新觉罗氏。顺治十一年（1654）三月十八日生于紫禁城景仁宫，清世祖顺治皇帝第三子。顺治十八年（1661），顺治皇帝突患天花去世。当时清朝还没有确立传位制度，何况顺治帝死时才24岁，病前更不会考虑传位之事。仅以曾患过天花而具免疫力这个偶然因素，在祖母孝庄皇太后的支持和与清廷关系密切的德国传教士汤若望的建议下，年仅8岁的玄烨登上了皇位，年号康熙。康熙帝，8岁登基，14岁亲政，共在位61年，是中国历史上在位时间最长的皇帝（图1-2）。在执政早年，康熙帝即表现出异乎寻常的领导才能，擒鳌拜、平三藩、

▲ 图 1-2　康熙帝读书像·故宫博物院藏

收复台湾、战沙俄等事迹标榜史册。不仅如此,他还是一个热爱学习的人,尤其难能可贵的是,他对西洋科学、技术等抱有极大的兴趣。康熙八年(1669)康熙帝即召西洋传教士南怀仁入宫,开始学习西洋自然科学知识。根据传教士的记载,康熙帝自己动手画几何图,只用五六个月的时间即完全掌握了几何学,还曾读《几何原本》至少二十遍(图1-3)。除此以外,他还积极利用西洋的先进技术,如命南怀仁督造大炮以帮助清剿吴三桂叛军。康熙三十二年(1693)康熙帝患疟疾,就是服用传教士提供的西药奎宁(金鸡纳霜)后康复。康熙四十七年(1708)至康熙五十六年(1717),康熙帝命传教士利用西洋技术绘制地图(图1-4、图1-5),最终完成了著名的《皇舆全览图》,这是当时世界上最好的地图之一。

▲ 图1-3　满文《几何原本》·故宫博物院藏

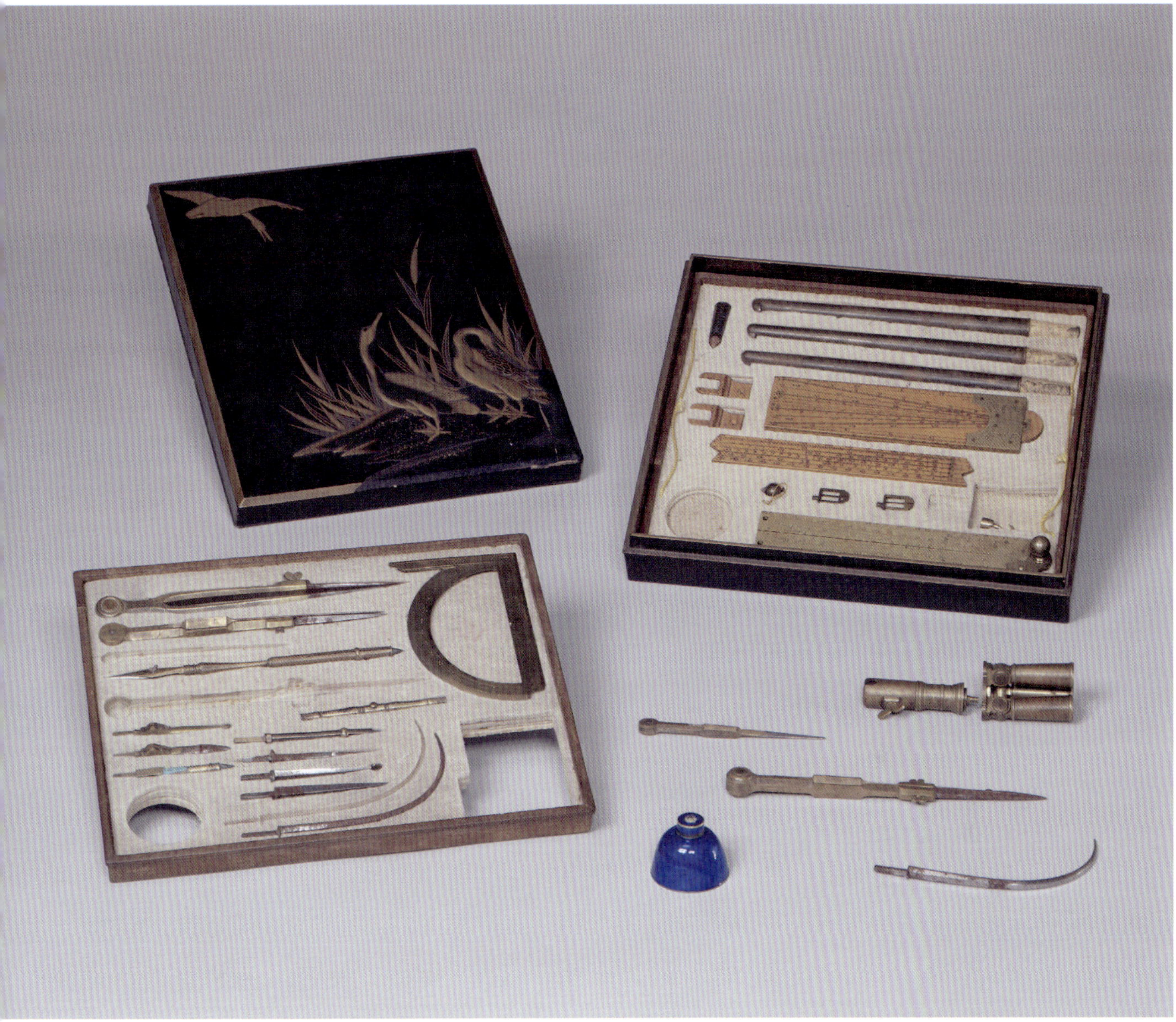

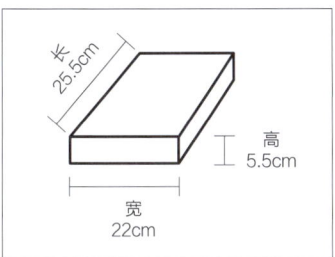

▲ 图1-4　康熙帝御用几何绘图仪·故宫博物院藏

第一章　远胜西洋

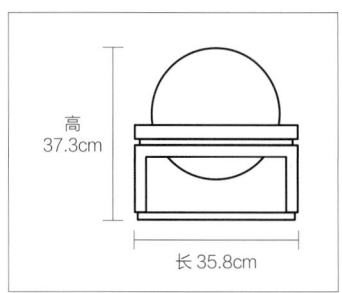

◀ 图1-5　银镀金浑天仪·清康熙八年（1669）制作·故宫博物院藏

小型天体演示仪器，由当时服务于宫廷的比利时传教士南怀仁（Ferdinand Verbiest）等制作于康熙八年，在仪器外层圈环上有"康熙八年仲夏臣南怀仁等制"款。

法国科学家布莱士·帕斯卡（Blaise Pascal，1623—1662）于1642年制造了第一台手摇计算器，后由传教士把这种盘式手摇计算器介绍给爱好自然科学的康熙皇帝，此计算器深得康熙皇帝的喜爱。

18世纪前后，清宫亦开始制造手摇计算器（图1-6），有盘式和筹式两种。这种盘式手摇计算器是清宫依帕斯卡计算器的原理自制的，利用齿轮装置可进行加减乘除运算。计算器表面有10个圆盘，表示十位数。每个圆盘分为上盘和下盘，下盘由上盘挡住看不到，上盘中央刻有数位名称，分别用汉字"拾""万""千""百""十""两""钱""分""厘""毫"标明，周围按逆时针方向刻着由一至九9个汉字，一至九之间有一空格，在空格中安一能上下移动的铜挡片。移动挡片，可以看到下盘两种刻数的一个数码。下盘周围分为12格，里外分为三圈，其外圈均布12个小圆孔，用拨针插入小圆孔，可以按顺时针方向转动下层圆盘。下盘的12个圆盘之下各安装一个十齿的齿轮，下盘转动，齿轮也随之转动。当上盘空格的读数超过9时，如继续转盘，齿轮可带动左边的齿轮转动一格，就使左边的读数增加1或减少1。按顺时针方向转动下盘，读其中圈的数码，可体现进位，中圈的数码用于加法及乘法，读其内圈的数码，可体现退位，适用于减法及除法。

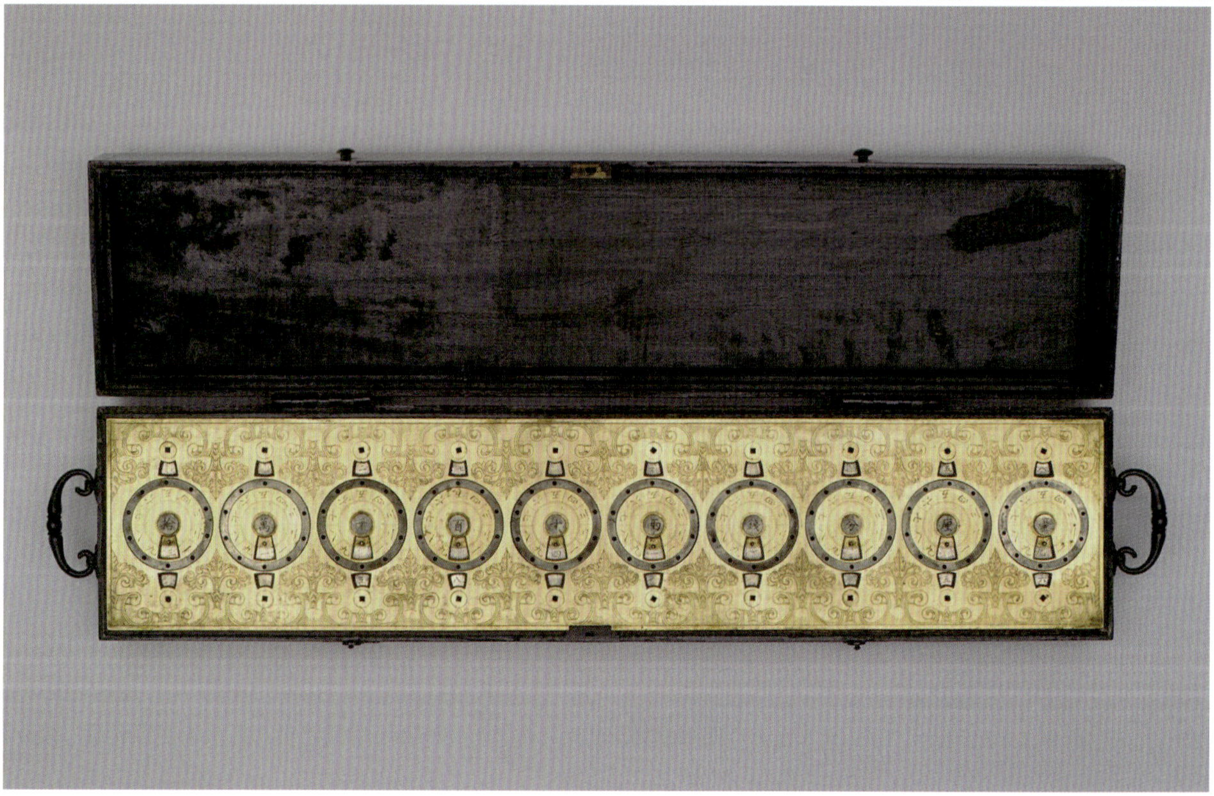

荣耀时代：皇家珐琅的尘封往事

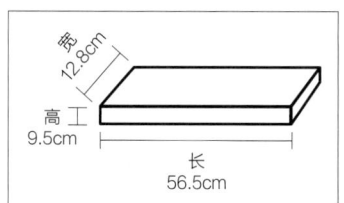

◀ 图 1-6　铜镀金盘式手摇计算器·清康熙年制·故宫博物院藏

　　康熙二十六年（1687），法国国王路易十四派遣五位"国王的数学家"到达北京，康熙帝接见了他们并接受了路易十四送来的礼物，其中就包括画珐琅器物。档案记载显示，在收到法国国王礼物之前，康熙帝亦曾派传教士前往欧洲寻访懂得科学和艺术的传教士带回中国，但是并没有明确指定是哪类艺术。然而，收到礼物之后，康熙帝的要求变得具体，就是要"通晓制作珐琅和玻璃秘密的人"。可见，康熙帝通过路易十四送给他的礼物，敏锐地察觉到"太阳王"是在炫耀法国在科学和艺术上的辉煌成就和高超技艺，于是激发了他的好胜之心，决心赶超这一西洋工艺。康熙三十二年（1693），康熙帝专门派传教士白晋前往法国，此行的使命之一就是带珐琅艺术家和科学家回中国。

　　据传教士记载，康熙帝经常命令太监把烧制好的玻璃器和画珐琅器呈送到御前察看，并召见传教士询问中国工匠掌握工艺的程度。上有所好，下必甚焉。为了得到重视，康熙帝的皇子们也纷纷私下烧制玻璃和画珐琅器，以求呈上精美的器物博得父皇的欣赏。康熙帝的长子胤禔、太子胤礽都曾要求传教士帮助他们在住所里烧制珐琅。皇子们的所作所为也从侧面证明了，康熙帝是多么重视对画珐琅技术的掌握和提高。

"太阳王"路易十四

Louis XIV, le Roi-Soleil

❸ 沈福宗（1657—1692）
Michael Alphonsius Shen Fu-Tsung

生于南京，是早期到达欧洲的中国人之一。1681年随比利时传教士柏应理（Philippe Couplet）由澳门启程前往欧洲，一路游历了荷兰、意大利、法国和英国等欧洲六国。他们一行分别与罗马教皇和法、英两国国王会见，并结识当地社会名流。沈福宗出国时随身带有中国儒家经典和诸子书籍四十多部，因此也就把中国语言文字、儒家道德哲学等文化传到欧洲，帮助西方学者从事汉学研究。中国史籍没有关于他的记载。

公元1643年，5岁的路易十四（又称为"太阳王"）继承王位，他在位70余年，1715年9月1日于凡尔赛宫逝世，享年77岁（图1-7）。随着东印度公司将中国的器物源源不断送到欧洲，"中国风"悄然在法国宫廷兴起。路易十四对遥远的中国非常感兴趣，喜欢中国风格的家居，收藏了大量的中国瓷器。早在康熙二十三年（1684），在中国传教的比利时传教士柏应理回罗马述职，与他同行的是一个叫沈福宗❸的中国人。他们在访问巴黎时

▲ 图1-7　路易十四

得到了路易十四的特别接见,路易十四还特别向他们展示了只针对贵宾开放的喷泉表演,不仅如此,还特别安排他们和宫廷御用珐琅大师会面。无论喷泉还是画珐琅,都是当时中国所不具备的,显然这是"太阳王"的精心安排,借以炫耀法国的科学和技术。遗憾的是,沈福宗在回中国的途中染病去世,未能将其所见所闻传回中国。为了打破葡萄牙在海上的垄断地位,争取远东的盟友,1685年路易十四决定向中国派遣使团。为避免和葡萄牙的冲突,使团特别以"国王的数学家"的名义前往。康熙二十六年(1687),"国王的数学家"传教士使团来到中国,他们带来当时法国的先进科学仪器和包括画珐琅器在内的众多精美器物,其中有一件铜镀金壳开光人物像怀表(图1-8),此怀表是路易十四送给康熙皇帝的礼物,亦是两位帝王之间交往的重要物证。

　　路易十四送给康熙帝的礼物,无疑是友好的表示,但其中也暗含着炫耀的成分。后来康熙帝派人请求他派遣画珐琅工匠前往

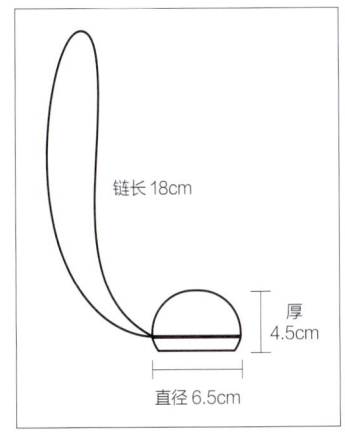

▶ 图 1-8　铜镀金壳开光人物像怀表·故宫博物院藏

17世纪伊萨克·蒂雷制于巴黎。

铜镀金表壳中央用郁金香花围出圆形开光，开光内是一男士头像，为法国国王路易十四。珐琅二针表盘，表盘中心描绘金色百合花图案，为法国王室标志。指针亦为郁金香花形状。打开机芯，可见摆轮保护罩上镂雕一条中国式五爪金龙。机芯夹板上有制作工匠的名款和产地：THVRET A PARIS（蒂雷于巴黎）。黑鲨鱼皮表套，皮套上用金钉镶嵌出团花图案。

蒂雷是法国钟表史上具有重要贡献的人物，其钟表制作生涯和法国宫廷关系密切。

中国，他却不愿如此，说明他并不想真正把画珐琅的技术传授过来。尽管如此，依然可以说是在路易十四的推动下，康熙帝意识到画珐琅是西洋人引以为傲的技艺，从而激发了其模仿并试图超越的决心。下图是路易十四写给康熙皇帝的信（图 1-9）。

▼ 图 1-9　路易十四写给康熙皇帝的信

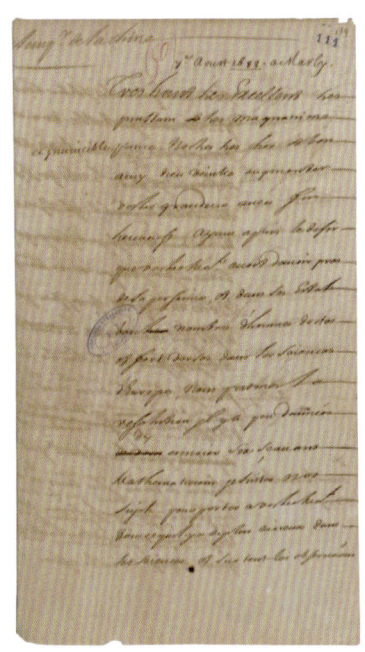
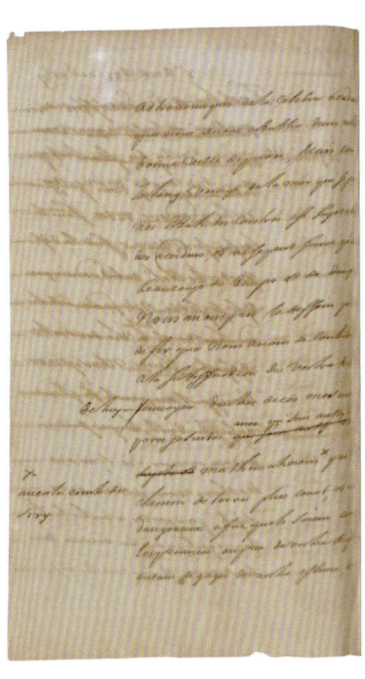
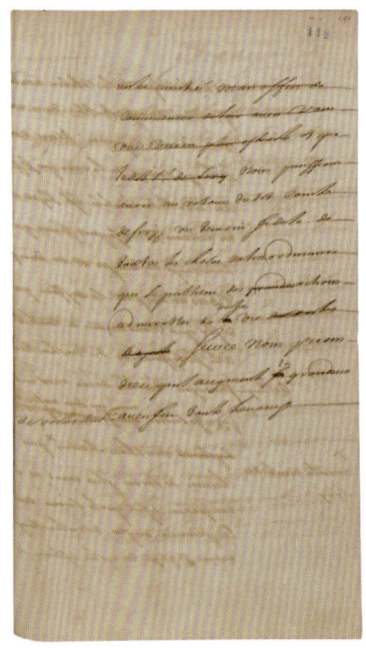

译文：至高无上、最优秀、最强大、最宽宏大量、最不可战胜的亲爱的君主，我们最亲爱的好朋友，愿上帝保佑您更加伟大，幸福美满。得知陛下您求贤若渴，希望在您身边和整个帝国内拥有诸多精通欧洲科学的博学之士，因此数年前我们决定派遣我们的臣民，六位博学的耶稣会数学家，为陛下带来所有最新奇的科学知识，尤其是我们巴黎城内著名的皇家科学院所获得的天文观测新知。然而，将您我两国分隔开来的漫长海上航行容易发生不测，且耗时长久，充满危险。因此，为了满足陛下您的需要，我们决定派遣另外几名同样是数学家的耶稣会士，随同叙利伯爵一道，通过陆路前往贵国。这条陆路行程更短且风险更小。作为我们尊敬和友谊的象征，他们会率先抵达您的身边。所有非凡之事的忠实见证者叙利伯爵在归来之时，能将您一生的辉煌功绩

发表出来，这将是我们获得的回报。我们愿上帝保佑您光辉伟大，幸福完满。

1688 年 8 月 7 日于马尔利

基于政治的考量，路易十四开创了中法之间的直接交流，伴随而来的是艺术上的相互影响。这种影响并不是马上表现出来，而是润物无声般地持续了长达一个世纪，铜版画的引进和传播就是最典型的例子。

著名的铜版画《平定准噶尔回部得胜图》在乾隆三十年（1765）于法国制作，追根溯源，正是当年路易十四将铜版画作为礼物赠送给康熙帝，让中国的皇帝认识到了铜版画的政治宣传作用（图 1-10）。

画珐琅亦是如此，如果不是作为路易十四的礼物来到中国，相信也会以各种各样不同的方式传播过来。但是，会不会引起康熙帝的极大关注，能不能最终导致康雍乾时期精品迭出，恐怕是要打个大大的问号了。

◀ 图 1-10　铜版画《平定准噶尔回部得胜图》· 故宫博物院藏

传教士

Les missionnaires

❹

洪若翰（1643—1710）
Joannes de Fontaney

洪若翰，清初来华的天主教传教士。法国人。1643 年生于法国，1658 年入耶稣会。1685 年受法王路易十四派遣来华。康熙二十六年（1687）抵达宁波；次年奉旨进京，由徐日昇引见皇帝。后奉命往南京传教，与意大利籍传教士毕嘉共同工作，并与罗文藻有过交往。康熙南巡时曾觐见，并与其讨论天文学。康熙三十年（1691），为南京主教罗文藻举行盛大丧礼。康熙三十二年（1693），因康熙帝患疟疾，传教士献上奎宁（金鸡纳霜）。康熙三十八年（1699）返欧。康熙四十年（1701），率 8 名传教士再次来华。康熙四十二年（1703），自舟山乘英船离华，翌年抵伦敦，后赴法国作教务报告。逝于法国。著有天文历算书多种。

　　传教士在 17、18 世纪"西学东渐"中的作用至关重要，对于画珐琅工艺的传播更是如此。如果说康熙帝和路易十四是画珐琅工艺传播到中国的推动者，那么传教士则是具体的实施者。康熙二十四年（1685），法国国王路易十四精选了洪若翰❹、张诚、白晋、刘应、李明等传教士作为国王使团前往中国，康熙二十六年（1687）七月二十三日，他们到达宁波，八月二十五日，洪若翰即写信回国报告说画珐琅制品非常受欢迎，要求能得到更多。第二年的二月，使团到达北京，白晋和张诚被康熙帝留在宫中，张诚在 1691 年写给路易十四的信中说康熙帝希望找寻"通晓制作珐琅和玻璃秘密的人"，其所提"珐琅"即是铜胎画珐琅，但是没有得到回应。康熙三十二年（1693）康熙帝专门派白晋回法国，再次向法王要求带科学家和珐琅工匠到中国。但是，路易十四依然没有派遣珐琅工匠前来。康熙三十五年（1696），在德国传教士纪理安的直接管理下，清宫玻璃厂得以设立。珐琅釉料与玻璃成分基本相同，故从这个时期开始，或者说至迟从这个时期开始，清宫国产珐琅釉料在传教士的帮助和指导下已经开始制作。洪若翰在当年十月底写给罗马教廷的信中说：

康熙皇帝正在建设一个漂亮的玻璃工厂。遵照皇帝的旨意，纪理安神父承揽了此事。我请求你们立刻从我们优秀的玻璃工厂选派一至两名优秀的工匠给我们……同时选派一名精良的画珐琅工匠来。

之后，洪若翰又在十二月两次致信法国，要求派珐琅专家来帮助纪理安。时至康熙四十九年（1710），耶稣会士穆敬远也在信中说，纪理安不仅要教授玻璃的生产，还要教授珐琅的制作。另据1711—1716年罗马耶稣会档案，康熙帝经常召见传教士到养心殿，对中国工匠掌握技术的程度非常关心，可见当时是传教士在指导中国工匠制造画珐琅器。文献显示西洋传教士来到紫禁城，康熙帝都会问询是否会制造珐琅器或者绘画珐琅的技术，著名意大利传教士马国贤一则日记【康熙五十五年（1716）三月写于畅春园】当中说：

康熙皇帝对我们欧洲的珐琅器以及珐琅彩绘的新技法着了迷，想尽办法要将画珐琅的技术引进到他早就为此目的在宫中设立的作坊中。由过去瓷器上用来施彩的颜料以及他设法得到的几件欧洲珐琅器，制作画珐琅这件事变得可行。皇帝指派我和郎士宁（1715年抵达澳门）用珐琅料来彩绘。然而，考虑到可能要和一群腐败的人从早到晚在宫中作坊里相处，就觉得不能忍受。我们就推托说从未学过此项技艺。即便如此，在命令的强迫下，我们只好遵从，一直画到本月的31号。我们俩谁都未曾学过此项技艺，而且都下决心永远都不想学习掌握，所以就故意画得很糟糕。皇帝看到我们的作品，说"够了"。我们也因此从奴役的状态下解脱出来。

康熙五十八年（1719），法国传教士陈忠信来到紫禁城，康熙帝对他的评价是"会珐琅者不及大内所造，还可以学得"，而法国传教士冯秉正在康熙五十九年（1720）写给巴黎的信中透露了更多的信息：

在我去年的信中……我提到兄弟安泰和陈忠信的平安抵达，并在北京受到了康熙皇帝的首次接见和热烈欢迎。皇帝希望能任用他们的专长……假如陈忠信来前能在欧洲学习一些珐琅技术会更好，就像安泰学过医术一样。因为对陈忠信而言，有两件事是他始料未及的。第一，他抵达后发现中国人并非完全无视珐琅的制作过程。事实上，虽然中国工匠应皇帝的要求开始试验制作画珐琅不过短短的五六年时间，但他们已经取得了相当的进步。陈忠信依然幸运，因为他所掌握的技术仍然在那些工匠之上。如果这位兄弟没有被其他一些杂事——这些事只会分散他在画珐琅这件主要事务上的注意力——所分心的话，他不会对那几件中国人从欧洲为皇帝购买的复杂的画珐琅作品感到震惊。在这一点上，他错了。皇帝发现他是个很好的画家，但更希望他掌握更多的珐琅技术。

从这封信的内容，即可得知陈忠信的画珐琅技术正如康熙帝所说"不及大内所造"。还有，在传教士的帮助指导下，清宫造办处的中国工匠是从康熙五十三年（1714）左右开始尝试独立制作画珐琅器，且取得了相当的进步。

中国工匠

Les artisans chinois

在清代宫廷，制作珐琅的工匠来自内务府造办处。

内务府，简单来说即是清代专门管理皇家事务的机构（图1-11、图1-12）。机构设在紫禁城内西侧慈宁宫以南，最高管理者是"总管内务府大臣"，此为兼任性质，担任者皆在朝廷中有正式职务，一般采取轮流值班制，最多时会有六个总管内务府大臣兼管内务府事务。内务府下辖之官员主要由皇室包衣担任。"包衣"是清代八旗制度下世代服役于皇帝、宗室王公之家的一个奴仆群体，主要担任府员、护卫、随侍、庄头等差使。

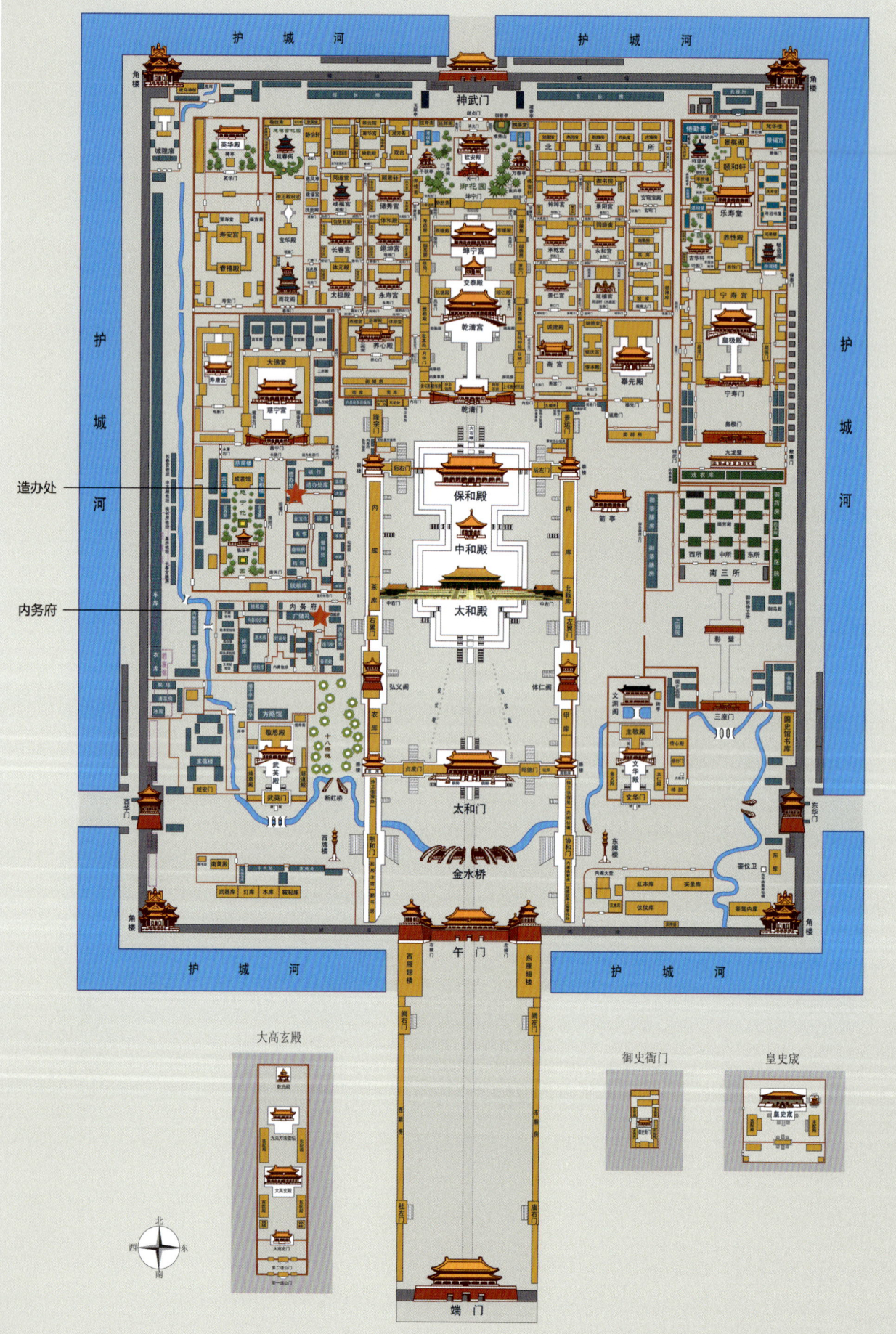

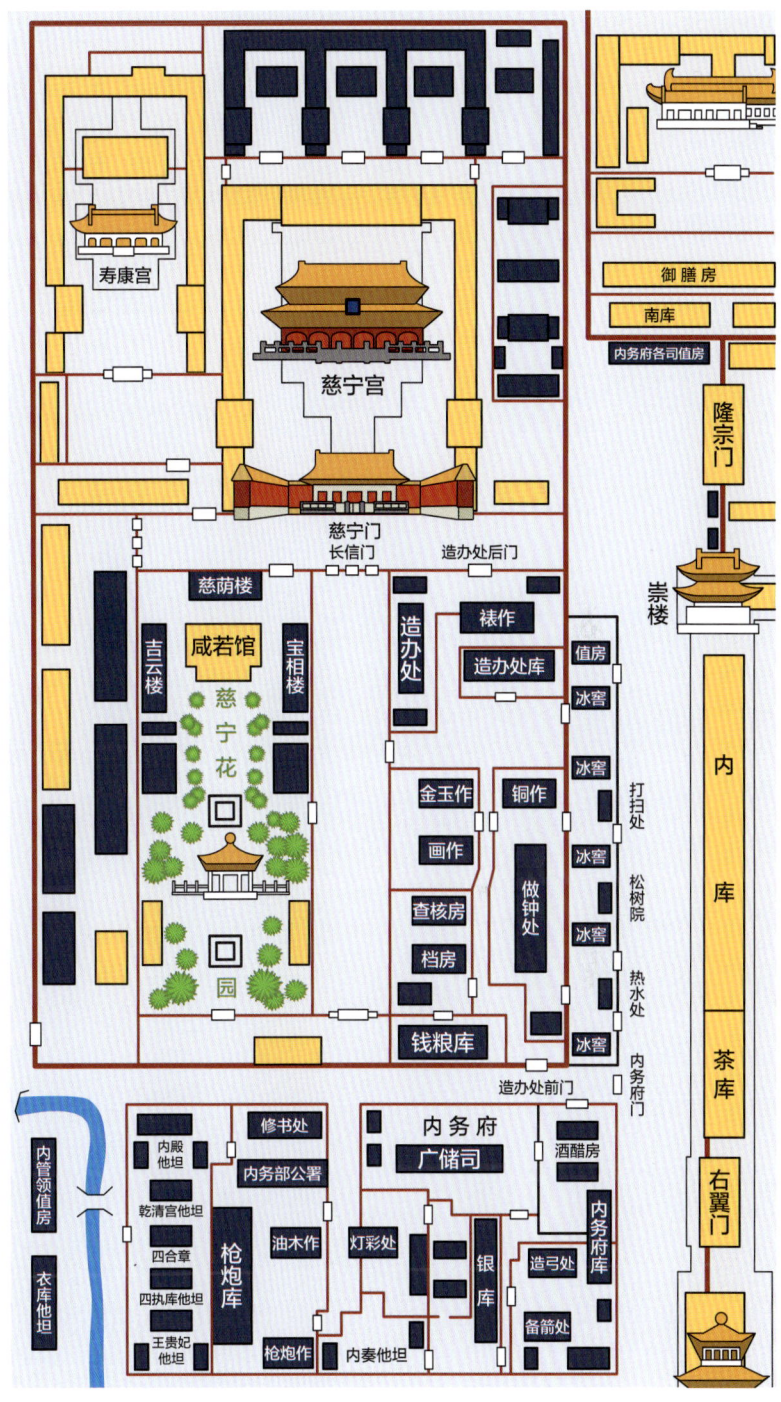

◀ 图 1-11　清宫内务府及造办处在紫禁城所处位置图
▲ 图 1-12　清宫内务府及造办处详情图

第一章　远胜西洋

包衣并不是贱民，其奴仆身份仅仅相对于皇室、宗室王公而言，其社会地位则基本与八旗中的一般旗人处于同一等级，也可以担任官职，拥有财产和旗下家奴。造办处，是内务府下辖专门负责制作皇家御用器物的机构。管理人员皆为包衣，最主要的管理者官阶是郎中，其下有催总、柏唐阿等办事之人，苏拉则指匠役。造办处于康熙年间设立，康熙三十二年（1693）正式设立14个作坊，其中包括珐琅作，其负责皇家御用掐丝珐琅和画珐琅器的制作，一直到光绪年间，内务府造办处珐琅作都存在。

画珐琅技术在清宫的最终落地，尽管有康熙帝的积极推动、传教士的积极传播，最终还是要依靠中国工匠对技术的完全掌握，而这一过程是漫长的。尽管有掐丝珐琅技术的基础，画珐琅工艺对中国工匠依然是一个巨大的挑战。珐琅釉料是由加入金属氧化物的玻璃制成，有透明和半透明的颜色，从清宫旧藏的文物上以及相关档案中即可以看出，光是调配符合要求的釉料就异常困难。而且，在不同的胎体之上，呈现的效果也不一样。

雍正时期的珐琅彩（瓷胎画珐琅）可谓独冠群雄，但在同一时期的铜胎上，却无法表现出同样的效果，可见珐琅釉料是需要根据不同胎体而分别调配的。并且，究竟何种金属氧化物和玻璃熔合能够出现需要的颜色，也是一个需要长时间摸索的过程。将玻璃和相应的金属氧化物等原料放入700°C左右的窑炉里炼制，烧制成功并冷却后，磨成粉状再加入油性物质调和，之后用毛笔蘸取涂绘在金属胎上，这一过程与掐丝珐琅工艺相似，可能对当时的中国工匠不会造成特别大的困难，但是，接下来的胎体和珐琅料的结合却有着极大难度。

应该是传教士的传授，康熙晚期制作技艺成熟的画珐琅器，所采用的烧制技术和西洋器物是完全一样的，即在金属胎（主要是铜胎）里外皆先施一层珐琅釉，胎体表面通常为白色基层珐琅釉，里面则通常为湖蓝色，白色釉是为了便于在其上装饰其他颜色釉料，湖蓝色则没有实际意义，似乎是为了和西洋画珐琅器趋同。上好釉先要烧一遍，此举是为了避免将来烧彩釉时可能因膨胀系数不一样所引起的变形。在彩绘珐琅图样后，再次放入700°C左右的窑炉中烘烤，每种釉料的烧成温度都有差异，一般是将温差不大的釉料放在一起烧制，然后分别烧制温差大的釉料，温度通常在600～850°C。如果颜色多而要求温度不一的话，最是考验工匠的技艺，因为要按照从高温到低温的顺序烧制，一旦顺序错误，釉料就会尽毁，而且金彩的温度要求更低，所以珐琅上彩的工作非常不易，不仅要有绘画技巧，还要熟知各种釉料的烧制温度，才能把复杂的烧制和完美的颜色搭配顺利地结合在一起。

正是以上这些高难度的要求，中国工匠尽管有西洋传教士的辅助，依然耗费了多年时间来不断总结经验教训，最终掌握了画珐琅技艺，得到了皇帝的肯定。其中的艰苦历程虽然没有在文献中体现，但通过对画珐琅工艺的了解，以及观察清宫旧藏画珐琅器物所体现出来的发展历程，可以想见当时工匠摸索试验阶段的不易。

有学者统计，历史上清宫造办处工匠的人数在400～800人，其中百分之八九十是在包衣中挑选的旗人工匠，其余则是在民间临时招募的匠人，还有南匠。所谓"南匠"，即广东、江西、江苏等地手艺好并通过地方官员挑选后举荐到造办处来的工匠。自康熙五十五年（1716）开始，广州开始向宫廷输送珐琅工匠，如广东巡抚杨琳奏折中曾提道：

> 广东人潘淳能烧珐琅物件，奴才业经具则奏明，今又查有能烧珐琅杨士章一名，验其技艺，较之潘淳次等，亦可相帮潘淳制造。

康熙五十七年（1718），杨琳又奏：

有广州监生龙洪健、民人林朝锴（楷）、何嘉璋等禀称：洪健等粗知珐琅，祈试验手艺，应否送京效力等语。奴才即传进衙门，令其制造……龙洪健等三人随带制就白料一百二十斤，红料一斤，于九月初九日，差人送京应役。

从中可以看出，尽管宫廷的画珐琅作品一直不能令人满意，但此时的广州在画珐琅技术的掌握上，似乎比宫廷要有所进步。目前尚无准确的文献来解释这一现象，但考虑到广州在当时已是大清帝国对外通商贸易口岸，推测大概率的原因是，虽然法国国王或教廷没有派掌握技术的工匠前来中国，但是，通过民间贸易往来的渠道，画珐琅技术得以先期传至广州。

康熙五十五年（1716）之后宫廷画珐琅在技术上有一个质的飞跃，很可能就是和以上文献提到的潘淳、杨士章以及后来从广州输送到宫廷的工匠有关。联系前文引用传教士冯秉正的信件，可以大致梳理出中国工匠掌握画珐琅技术的脉络，尽管康熙三十五年（1696）就已建立可以烧制珐琅釉料的玻璃厂，但真正开始尝试独立烧制珐琅器是在康熙五十三年（1714）左右，之后又有广东工匠的加盟助力，造办处工匠自行烧制的画珐琅器逐步得到皇帝的认可。

康熙五十八年（1719），闽浙总督觉罗满保奏进西洋什物呈览，康熙皇帝朱批：

选几样留下。珐琅等物宫中所造已甚佳，无用处，嗣后无用找寻。

由此可见，此时造办处工匠的作品已经获得康熙帝完全的认可。根据造办处档案的记载，除了制作铜胎和烧制珐琅器的工匠以外，参与画珐琅制作的工匠至少还有烧制珐琅料的匠人、画珐琅人、画画人等，并由内务府统一派发了清宫造办处工匠腰牌（图1-13），这些人历经多年的努力，终将西洋技艺与中国文化完美地结合在一起。

▲ 图 1-13　清宫造办处工匠腰牌

　　清宫禁卫制度之一。清宫规定，凡内阁、内务府及内廷行走各处供事之书吏、苏拉（杂役）、皂隶（各衙门差役）、茶役、厨役、匠役、演戏人员等，需经常出入宫廷者，皆由内务府发给有火烙印的木制腰牌，上写有年代、所属衙门、姓名、年龄、相貌特征及编号等。每3年更换一次，差事有变动者随时更换。

有关政治

L'environnement politique

康熙五十五年（1716）前后应是清宫掌握画珐琅技术取得突破之时，主要依据是文献显示，康熙帝在此时开始赏赐大臣和外国国王、使节清宫造办处独立制作的画珐琅器。在康熙帝的重视和推动之下，中国工匠终于掌握了这个来自西洋的技术，让康熙帝（图1-14）可以骄傲地向外界展示其成果。

然而，掌握西洋技术并不是康熙帝的最终目的，借此对内提振信心，对外展示帝国海纳百川、兼容并蓄的"软实力"，才是康熙帝孜孜不倦的追求。以下分别是接受了康熙帝赏赐之后，地方大员和外国使节呈送给康熙帝的谢恩奏折，我们从中即可体会到康熙帝的良苦用心。

▲ 图 1-14　康熙帝朝服像·故宫博物院藏

第一章　远胜西洋

广西巡抚陈元龙在康熙五十五年（1716）九月初八日奏：

皇上恩赐微臣御制珐琅五彩红玻璃鼻烟壶一、八角盒砚一、水丞一、圆香盒宝器四种。……恩赐珐琅宝器四种，并非内府工匠所造，乃经圣心指授，从格物致知之理，推求原本烧炼而成。从未颁赐臣僚，何意特蒙赐赉，真非常之重宝，格外之殊恩。臣跪陈香案，敬捧细观，如日月之光华，目为之眩；如云霞之变化，口不能名。考珐琅，古所未有，明景泰时始创为之，然其色凝滞，其质笨重，殊不足贵。迩年始有洋珐琅器皿，略觉生动。西洋人夸示珍奇，以为中国人虽有智巧，不能仿佛。乃我皇上于万几之暇，格其理，悟其原，亲加指示，熔炼成器，光辉灿烂，制作精工。遂远胜洋珐琅百倍。

陈元龙为了让康熙帝知道他的感激之情，显然对画珐琅工艺的背景做了一番研究。"西洋人夸示珍奇，以为中国人虽有智巧，不能仿佛"一语指出了当年康熙帝面临的境遇；"乃我皇上于万几之暇，格其理，悟其原，亲加指示，熔炼成器，光辉灿烂，制作精工"，是在歌颂康熙帝不服输的精神；最后一句"遂远胜洋珐琅百倍"则在肯定和赞颂康熙帝的功绩。

康熙五十八年（1719），葡萄牙传教士穆敬远代表葡萄牙驻澳门机构向康熙帝敬献礼品。在康熙帝回赠的礼品中，有五件画珐琅茶壶和两件玻璃胎画珐琅多色小瓶。在穆敬远代表葡萄牙使节给康熙帝的回信中写道：

看到如此完美的礼物，我们为先前进献给皇上您的那些珐琅盒感到惭愧。和您的绘画绝伦的珐琅器相比，我们的产品显得那么的粗糙。精通珐琅的人都会对器形的硕大感到吃惊，因为他们都不能相信能制作出如此巨大、精美的珐琅作品。尤为让人意外的是，皇上能在如此短的时间内取得如此巨大的进步。这在我们欧洲需要几个世纪才能做到！这是皇上非同寻常的聪明才智的体现。皇上赠送的珐琅制品,我们将悉数转呈我们葡萄牙国王。这样,不仅皇上宫中,即使全欧洲都会敬仰、吃惊于(清宫)珐琅作品的完美以及皇上亲自关心下的清宫造办处(画珐琅)技艺的高超。

  穆敬远于康熙五十年(1711)来到北京,为了更好地传教,他想尽办法讨好康熙帝。从回信透露的信息可以看出来,穆敬远深知康熙帝为何大力推动画珐琅国产化和其最终的政治目的。"和您的绘画绝伦的珐琅器相比,我们的产品显得那么的粗糙",在恭维清宫造画珐琅的精美;"皇上能在如此短的时间内取得如此巨大的进步。这在我们欧洲需要几个世纪才能做到！这是皇上非同寻常的聪明才智的体现",则在充分赞颂康熙帝伟大之处;"全欧洲都会敬仰、吃惊于(清宫)珐琅作品的完美以及皇上亲自关心下的清宫造办处(画珐琅)技艺的高超",则是康熙帝最想看到的效果。

  以上内容虽然尽是臣下和使节的恭维,但他们都深知康熙帝的欲求,说出符合其心意的话。康熙帝孜孜不倦追求的最终目的,就是要利用画珐琅展示大清帝国的实力和能力,无论臣下或是万里之遥的西洋国王皆要臣服于此。

关于艺术
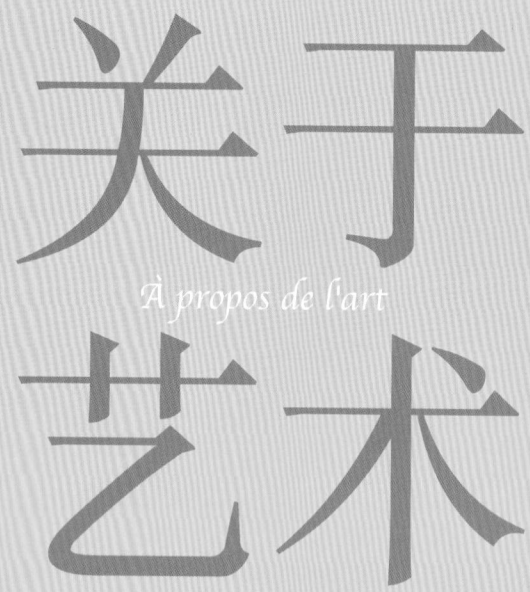
À propos de l'art

故宫博物院藏康熙款画珐琅器物数量不多，品质良莠不齐，呈现出一个从初创到循序渐进，再到最后成熟的发展过程。还有一个重要特征是器物体量均偏小，只有碗、盘、小盒、小瓶、小香炉、鼻烟壶等小件器物。金属胎和珐琅膨胀系数不一样，在环境过热或过冷的情况下，大器上的珐琅釉容易崩裂，器物小则可以保证珐琅釉层和胎体贴合紧密。因此，即使到了康熙晚期清宫制作画珐琅工艺成熟时，也未见相对较大的画珐琅器物出现。康熙朝画珐琅器的制作特点成为清代宫廷画珐琅制作的典型特征，即在各种颜色釉地上彩绘图案，口沿和足沿不施珐琅釉，露胎镀金，器内施湖蓝色珐琅釉，外底用白色珐琅釉，款识通常采用蓝色釉书写。黄色釉地的采用亦是清代宫廷画珐琅的一大特征，黄色为皇家专属颜色，民间不得擅用，既是统治的象征，又能衬托出宫廷的奢华气息。康熙晚期画珐琅工艺日渐成熟，珐琅质地细腻，施釉均匀，光洁平滑。同时，珐琅颜色也日趋明快，艳丽纯正，品种也逐步丰富，由早期的红、黄、蓝、绿、白、紫、赭等七八种，增加到红、蓝、绿、白、黄、黑、雪青、赭、紫、粉等十余种。绘画一丝不苟，其中工笔花鸟生动有致，色彩淡雅柔和，具有很高的艺术价值（图1-15~图1-24）。

荣耀时代：皇家珐琅的尘封往事

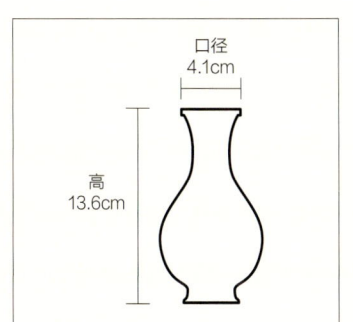

◀▲◀ 图 1-15　画珐琅桃蝠纹小瓶、瓶身图案展开图及款识·故宫博物院藏

　　瓶通体以灰白色珐琅釉为地，通绘写意图景。瓶颈部满饰流云，腹部通绘枝杈舒展、果实丰满的桃树，从山石中挺拔而出，红色蝙蝠飞舞于桃树四周，并有翠竹点缀其间，寓意福寿双全。足内施白釉，正中蓝色双方框栏内书"康熙御制"楷书双行款。此器为康熙时期画珐琅佳作。

第一章　远胜西洋　｜ 037

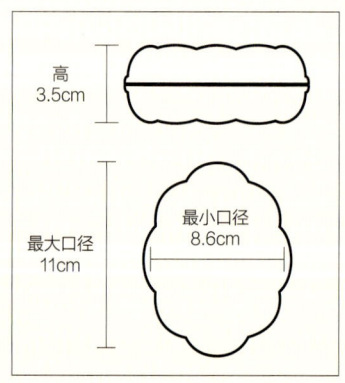

▲ 图1-16　康熙款画珐琅莲纹椭圆瓜棱式盒及款识·故宫博物院藏

　　盒做八瓣瓜棱式。盒底中心黄色珐琅饰莲花纹，蓝色双线方框内书"康熙御制"楷书款。盒盖、盒体均以藕荷色珐琅为地，用红、黄、绿、蓝、白等颜色绘饰盛开的莲花，每一瓣内装饰一朵。

　　此盒造型独特，花瓣采用晕染技法完成，但珐琅的颜色还欠丰富，釉色亦不甚纯正，是康熙朝画珐琅工艺逐渐走向成熟时期的作品。

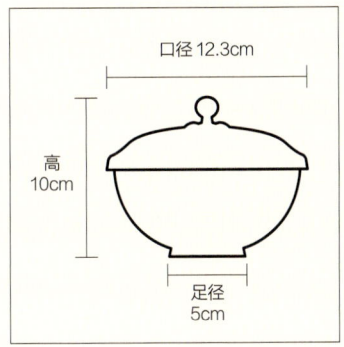

▲ 图 1-17　康熙款画珐琅梅花图盖碗及款识·故宫博物院藏

　　通体黄色珐琅釉为地，其上描绘一株梅花树，器身与盖的纹饰相连接，枝干上梅花绽放，满布器身，呈现生机盎然的景象。盖上有铜镀金圆钮，碗外底白釉，中心有蓝色双方框"康熙御制"楷书款。梅花的盛放和枝干的苍劲生动传神，与釉料纯度和烧制技术的提高有很大关系，是一件典型的画珐琅技术成熟时期的作品。

荣耀时代：皇家珐琅的尘封往事

◀▲ 图 1-18　**康熙款画珐琅缠枝莲纹菱花式盘及款识·故宫博物院藏**

盘内中心装饰一朵盛开的牡丹花，内外壁在黄色珐琅釉地上是缠枝莲和忍冬纹。外底白釉，中心蓝色双圆框内书"康熙御制"楷书款。此盘的釉质和纹饰令人印象极其深刻，康熙款画珐琅山水图双耳炉上釉堆积的现象不再，釉面平滑无皱褶，颜色丰富且纯净，釉质透亮，表面呈现一种玻璃质感，纹饰描绘精细，图案讲求对称。

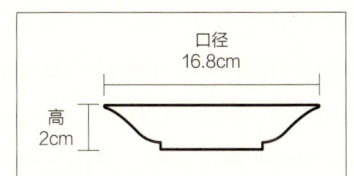

第一章　远胜西洋

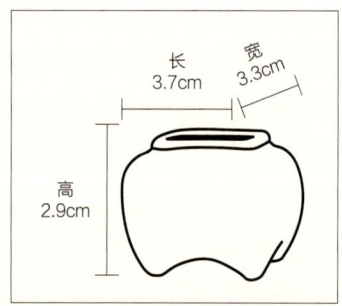

▲ 图1-19　**康熙款画珐琅缠枝花纹长方四足水丞及款识·故宫博物院藏**

　　长方圆角形。唇口，丰肩，鼓腹，四乳足。通体白地缠枝花纹。外底中心蓝色"康熙御制"双竖行楷书款。

　　水丞为文房用具之一，用以储水，用小勺将清水舀于砚上，再来研墨习字。此水丞形体小巧，花纹描绘略显随意，款识笔画不甚工整，但画面清新淡雅，釉质亦较纯正，属于清宫画珐琅工艺由初步掌握到成熟的过渡作品。

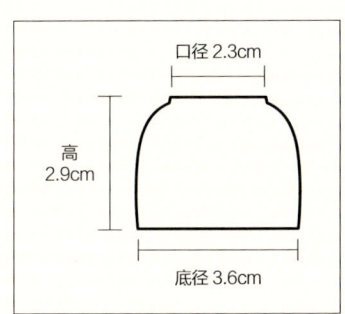

▲ 图1-20　**康熙款画珐琅花卉纹水丞及款识·故宫博物院藏**

　　圆形，鱼篓式，丰肩，直壁，平底。通体棕色地描绘百花纹，外底白地中心蓝色双方框内"康熙御制"双竖行楷书款。

　　此水丞造型别致，画面色彩鲜艳丰富，此乃画珐琅工艺纯熟的表现。

第一章　远胜西洋　　|　043

▲ 图1-21　康熙款画珐琅番莲喜相逢纹花口盘及款识·故宫博物院藏

　　盘心莲瓣形开光内以明黄色珐琅釉为地，饰双蝶穿飞于花丛之中，意为"喜相逢"，为这一时期常见的装饰纹样。盘边天蓝色珐琅釉地，上彩绘色彩丰富的番莲纹。盘背边黄色釉地上彩绘各色勾莲纹样。圈足内施白釉，蓝色双方框栏内"康熙御制"双竖行楷书款。此器珐琅釉色丰富，色彩亮丽，款识工整，是康熙画珐琅的传世精品。

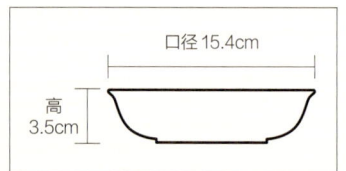

▲ 图 1-22　康熙款画珐琅玉堂富贵图直口瓶·故宫博物院藏

　　圆形。长直颈，鼓腹，圈足。口沿下及足壁如意云头纹一周，通体黄色地上绘折枝牡丹、海棠、玉兰图。外底白地，中心蓝色双方框内"康熙御制"双竖行楷书款。

　　此瓶画工精美，釉色纯正，乃康熙时期画珐琅工艺精品。

第一章　远胜西洋　| 045

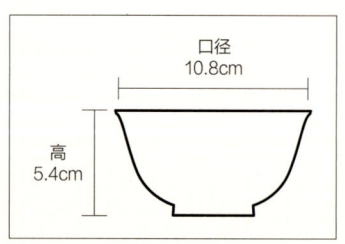

▲ 图1-23　康熙款淡黄地珐琅彩（瓷胎画珐琅）花卉纹碗及款识·故宫博物院藏

　　碗撇口，圈足白里。外壁彩绘牡丹八朵，色泽鲜艳明亮，花纹绚丽。外底双方框内"康熙御制"双竖行楷书款。

▲ 图1-24　**康熙款画珐琅山水图双耳炉·故宫博物院藏**

　　此炉仿明代宣德炉之器型，双立耳，下承三乳足，底釉为黄色珐琅，用蓝、绿、赭、白、黑等色珐琅釉绘饰山水景物。近景为一小岛，上有亭台楼阁，一人在岸边的树荫下悠闲地垂钓；远景为连绵起伏的青山，一片令人向往的湖光山色。炉外底中心为蓝色"康熙御制"篆书款。此炉胎体厚重，表面珐琅釉有堆积感，釉质不纯，所以显得不透亮且浑浊。图案意境虽好，但描绘不够精细，极有可能是珐琅釉料质量欠佳，无法表现清楚所致。此外，这件器物是直接铜胎上施黄色珐琅釉，并没有先在胎体上施一层白色珐琅釉。综合来看，这件香炉应是中国工匠在画珐琅工艺刚传入中国时，自行摸索制造的器物，略逊精美，却有极高的研究价值。

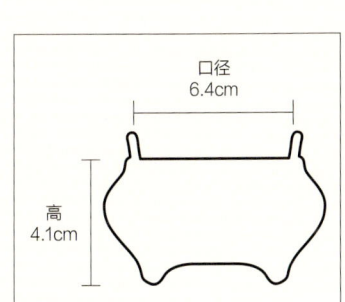

Chapitre II

第二章 内运奇观

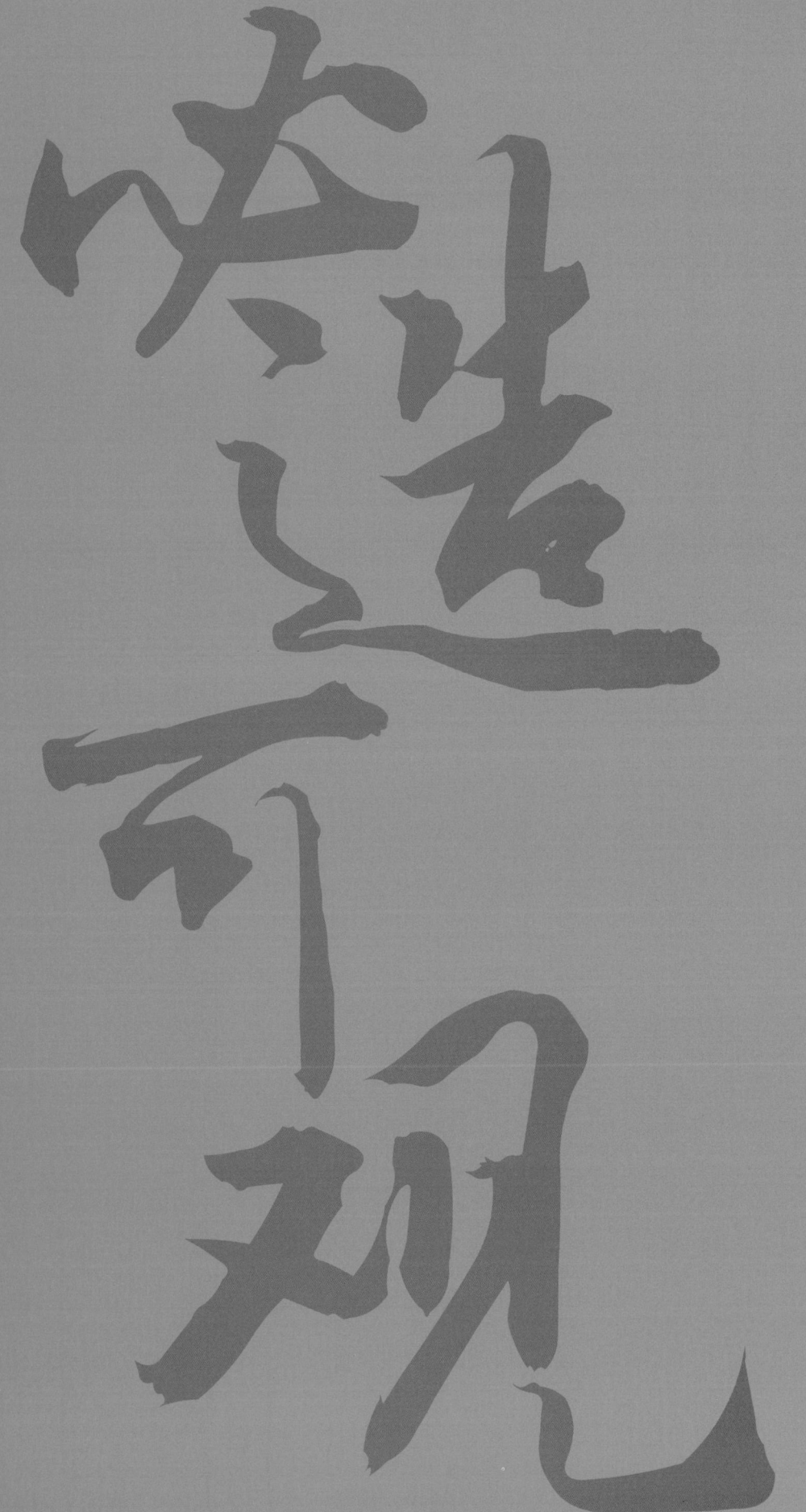

A l'avenir, nous ferons encore mieux

荣耀时代：皇家珐琅的尘封往事

与康熙帝在康熙五十五年（1716）以后逐渐表露出来的自信不同，从传教士书信中和雍正帝的朱批当中，可以发现雍正帝在最初几年对当时的珐琅技术并不自信。雍正二年（1724），抚远大将军年羹尧向皇帝讨要画珐琅器物："臣伏观珐琅翎管制作精致，颜色娇丽，不胜爱羡，如有新制珐琅物件，赏赐一二以满足臣之贪念。"雍正帝对此朱批："珐琅之物尚未暇精致，将来必造可观，今将现有数件赐你。"

雍正皇帝

L'empereur Yongzheng

清世宗雍正皇帝名胤禛，爱新觉罗氏。康熙十七年（1678）十月三十日生于紫禁城。清圣祖康熙皇帝第四子。康熙三十七年（1698）被封为贝勒，四十八年（1709）晋封雍亲王。

康熙六十一年（1722）严冬，康熙帝驾崩，胤禛内倚理藩院尚书隆科多的特殊地位，外借四川总督年羹尧的兵力，在隆科多宣读的康熙皇帝"传位于皇四子"遗诏的安排下，登上了皇位，次年改年号雍正（图2-1、图2-2）。

雍正在位13年，对清廷机构和吏治，做了一系列改革。特别是雍正七年（1729）在出兵青海平定罗卜藏丹津叛乱后，为提高军务效率，在离养心殿百步之遥的隆宗门内设立军机处，更是铸就了沿袭至清末的帝王独揽军政要务的集权模式。

▲ 图 2-1　雍正帝朝服像·故宫博物院藏

▲ 图 2-2　**雍正帝半身像屏·故宫博物院藏**

图中雍正帝头戴法式假发，身着欧式服装，显然是受到了法国波旁王朝路易十四的影响。本幅人物面部五官刻画得生动逼真，和故宫博物院藏另一套《雍正行乐图》十分近似。据学者研究，本幅绘画的表现方式系受当时欧洲流行的"扮装舞会画像"的影响。本幅的制作显示了雍正帝内心标新立异的特质以及清代宫廷对于欧洲时尚的浓厚兴趣。

时至雍正朝，由于清宫造办处活计档的完整保存，我们得以比较清楚准确地了解雍正时期画珐琅技术发展的概况。与康熙帝不断要求传教士（或者说西洋）的援助不同，在档案中体现更多的是，雍正帝不断向造办处提出详细的要求和标准，这主要是和雍正帝的高雅情趣及讲求细节有关系。档案中经常可以看到，皇帝认为样式好的器物，下旨留存样式，做成画样、木样、蜡样等，然后下旨令各个作仿制，且不局限于一个种类。

　　当然，雍正帝关注画珐琅技术发展的背后，依然可以感受到政治驱动力的存在。

档案中的记载

La mémoire des archives

与康熙帝"宫中所造已甚佳"的表达不同,雍正帝认为清宫制作的画珐琅器"尚未暇精致",这里面可能存在审美水平不一致的原因,也可能是不同胎体上取得成就不一样所致。总之,从传教士的信中可以看出雍正帝所说"尚未暇精致"应该是更加符合实际情况。

如德国传教士戴进贤在雍正四年（1726）写的一封信中说：

> 寻找一位有能力的专业画珐琅工匠乃当务之急。因为画珐琅在宫中极受推崇，皇帝本人对此也是情有独钟。

雍正五年（1727），还有一位传教士在写给罗马的信中说：

> 我现在想告诉你，在北京不知道是谁先造的谣，说最近抵达宫中的我们两个当中的一个懂得烧画珐琅。在我们两人抵达之前，谣言已经传到了皇帝和十三王子（怡亲王胤祥）的耳朵里，而且他们都信以为真。这是因为皇帝和十三王子都非常渴望掌握这种艺术。尽管北京也在烧制，但产品还是相当粗糙，皇帝很早之前提出的一些要求，工匠们仍然没有达到。既然我们已经到了宫中，并被问及这种艺术，我们坦言并不懂珐琅。但十三王子以及皇帝显然对我们的回答持怀疑态度，而且即便现在也依然如此。他们一致怀疑我们或是不愿意做，或是不愿意教。……因此我恳请您派珐琅专家、画家……雕镂铜版专家……来北京加入我们。因此我建议您派遣珐琅、绘画、肖像画、錾铜专家来北京充实我们的在北京的两间房子。

罗马教会收到传教士的来信，也在想尽办法寻找珐琅工匠，但是一直没有理想的人选，如雍正八年（1730）罗马传信部代表大会的备忘录记载：

> 秘书长决定要找一位精通珐琅的世俗或神职人员，而且特别要求他必须很好地掌握焙烧技术，该技术是中国人没能掌握的。我们在北京、广东的代

表处以及在宫中服务的教士都曾提出非常需要这样的人，因为掌管欧洲事务的十三王子（怡亲王胤祥）一直向我们要求这样的人才。而这样的一位艺术家能讨得十三王子以及他的哥哥（雍正皇帝）的欢心，从而可以让他们对那些在中国的我们的神职人员更好些。但是我们努力找遍了珐琅产地那不勒斯、马耳他、威尼斯，至今没有合适的人选。

传教士在努力配合提升清宫画珐琅工艺的制作水平，雍正皇帝也比他父亲更加重视画珐琅工艺。造办处档案记载，雍正帝对画珐琅的制作是直接发表意见的，如雍正四年（1726）雍正帝对珐琅活计提出不满：

此时烧的珐琅活计粗糙，花纹亦甚俗，嗣后尔等务必精细成造。

雍正六年（1728）雍正帝再次对珐琅作的活计表示不满：

尔等近来烧造珐琅器皿花样粗俗，材料亦不好，再烧造珐琅时务要精心细致。

雍正帝不仅提出批评，对画珐琅器的具体造型也事无巨细地提出要求：

尔将西洋珐琅水盂做一件，掐丝珐琅水盂做二件……俱上做八卦，下做符，其符不可甚散了，收紧缩些。花纹照银盒子上的西番花做。如番花不甚配合，即做夔龙掐丝珐琅水盂，要金里。尔向雍和宫将水盂要一件来，照其样式画样几张，做木样几件呈览，准时再做。钦此。

此条谕旨对器物样式、纹饰、技法都提出了具体要求，可见雍正帝之用心。

除此之外，对工匠的赏赐也是雍正帝提高画珐琅技术的手段之一。如：

雍正八年三月初六日 记事录 据圆明园来帖内称：本月初二日郎中海望持进画飞鸣宿食雁珐琅鼻烟壶一对呈进，奉旨：此鼻烟壶画得甚好，烧造得亦甚好。画此珐琅是何人？烧造是何人？钦此。海望随奏称：此鼻烟壶是谭荣画的，炼珐琅料是邓八格，还有太监几名、匠役几名帮助办理烧造等语奏闻，奉旨：赏给邓八格银二十两，谭荣银二十两，其余匠役人等，尔酌量每人赏给银十两。钦此。于本日用本库银赏给邓八格银二十两，谭荣银二十两，首领太监吴书，太监张景贵、乔玉每人银十两，催总张自成、柏唐阿李六十每人银十两，胡保柱、徐尚英、张进忠、王二格、陈得、镀金人王老格每人银五两（图2-3）。记此。

▲ 图2-3　雍正款画珐琅花卉纹荷包式鼻烟壶·故宫博物院藏
（此图与文中画飞鸣宿食雁珐琅鼻烟壶类似）

第二章　必造可观 | 059

除了雍正帝，怡亲王胤祥对画珐琅技艺在宫廷的发展也发挥了极大作用。在雍正即位之初，胤祥总理户部，军务机宜、度支出纳、兴修水利、督领禁军无不细心操办，令人惊讶的是，他在百忙之中对造办处的活计也是特别地关注，清宫烧制珐琅料，就是在他的督导下进行的。如：

雍正六年二月二十二日 杂录 柏唐阿宋七格等奉怡亲王谕：看试烧炼珐琅料。遵此。于本日员外郎沈崳、唐英说此是怡亲王着试烧珐琅料，所用钱粮物料另配一档，以待试炼完时再行启明入档。记此，本日逐交柏唐阿宋七格讫。

⑤
年羹尧（1679—1726）
雍亲王藩邸旧人，其妹为雍正帝之年贵妃。康熙末年任川陕总督，在雍正即位前后的政治斗争中，起过至关重要的作用，后以居功自傲为由被雍正帝处死。

年羹尧⑤和怡亲王不和，雍正帝曾借赏赐年羹尧的机会调和两人之间的矛盾。他在给年羹尧的御批回复中写道："览卿（年羹尧）奏谢，知道了。有新制法（珐）琅烟瓶二枚，寄来赐你，乃怡亲王所出之款样。再，怡亲王可以算得你的天下第一知己，他这一种敬你、疼你、服你、怜你，实出至诚。"怡亲王主管造办处，采用画珐琅工艺制作的鼻烟壶又是其用心督造之物，可见雍正帝之用心良苦。

在雍正帝和怡亲王的关注下，烧制珐琅料的技术取得了不小的进展，据雍正六年（1728）的造办处活计档记载，当月新炼制的珐琅料亮青色、蓝色、松绿色、亮绿色、黑色、月白色、白色、黄色、浅绿色等共九样，新增珐琅料浅绿色、酱色、深葡萄色、青铜色、松黄色、软白色、秋香色、淡松黄绿色、藕荷色等共九样。怡亲王命人将这些釉料收在造办处做样，待烧玻璃时每样烧三百斤用，并且在烧珐琅片时，要留有记号，用上西洋人烧造珐琅时调色用的"多尔那门油"。档案中怡亲王特别关注"多尔那门油"，可见其并不是泛泛地管理，而是具体到细节。此外，他特别嘱咐烧造玻璃的同时烧造珐琅釉料三百斤，充分说明玻璃和画珐琅的生产制作关系是非常密切的。

另外值得关注的是，烧造画珐琅的工匠会跟随皇帝在不同地点制作器物。雍正帝除紫禁城外，主要在圆明园居住，所以工匠会赶赴圆明园为雍正帝随时制作画珐琅器。如：

雍正六年三月十九日　杂录　据圆明园来帖内称：郎中海望奉怡亲王谕：着传催总刘三九、领催百老格带好手艺铜匠，各带小式家伙，珐琅处太监张廷贵、画珐琅人谭荣、好手艺家内大器匠一名，带铜叶、珐琅材料赴圆明园来。遵此。

还有，在圆明园烧制画珐琅的规模也是惊人的。

雍正十一年五月十九日　杂项买办库票　造办处钱粮库　珐琅作为照前例买备用烧珐琅活计等开：平窑头号窑十个，银六两，二号窑二十个，合银十两，三号窑二十五个，合银十两，平缸片二十五块，合银五两，共用银三十一两。

烧珐琅的窑炉竟然达55个！虽然无从得知窑炉大小，但从数量上也可以看出来，当时烧造的规模是不小的，亦从侧面说明雍正帝对画珐琅器物的需求量亦是非常大的。他的需求不单纯是为了满足自己的享乐，和康熙帝一样，也是通过赏赐对内拉拢大臣，对外展示大清帝国的软实力。

雍正元年（1723）十一月，四川松潘总兵周瑛赴西藏安定边疆，雍正帝欣赏其作为，特别赏赐御制珐琅翎管❻。翎管的不同材质代表了官员的等级差异，画珐琅翎管是宫廷造办处新制的产物，意义自然不同一般（图2-4）。周瑛自然明白其中道理，在奏折中表达了自己感激涕零誓死效忠的决心。这正是雍正帝想要达到的目的。本章开头所述年羹尧向雍正帝讨要画珐琅物件之

❻
翎管

翎管是清代官员礼帽上插饰花翎的饰物。清代官员以及宗室成员，如有功勋，皇帝都赐以花翎以示荣誉。花翎为孔雀羽毛制成，插入管内，戴在脑后，分一眼、二眼、三眼三等，三眼最高。翎管的质地有翡翠、白玉、碧玺、珐琅、陶瓷等多种。

▲ 图2-4 "喜"字画珐琅翎管·故宫博物院藏

事,亦颇能说明画珐琅的独特价值。年羹尧时任抚远大将军,手中兵权在握,如果向皇帝讨要特别贵重的器物,必然会招来猜忌,可若是讨要稀松平常的器物,又不能体现他与众不同的身份,以及和皇帝的亲密关系。画珐琅物件恰恰能满足年羹尧的欲求,其并非价值连城,却是皇帝极其重视之物,只会赏赐给亲信重臣,讨此得之可谓既安全又体面。

关于画珐琅翎管,还有一个被相关研究领域多次引用、解读的档案:

奴才海望谨奏,为请旨事,查养心殿造办处所制珐琅物件均系上用、赏用之项,内外臣工蒙皇上施恩赏赐外,诸人不可滥用。近闻市有出卖珐琅黄色器具如鼻烟壶、翎管等件,恐系造办处匠役人等偷出售卖,因令管番役官员稽查。今据郎中何瞻、员外郎尚林禀称,职等差番役头目高连魁等查得,市内有卖珐琅器皿之人,其黄色鼻烟壶、翎管数十件,细究其出处来历,俱称广客贩卖。因将广客传问,据称,此项珐琅器具出于广东省太平门外长寿庵制造,等因呈禀前来。伏思黄色器具不唯民间不得擅用,即翎管一项乃是皇上加恩行赏之物,犹当郑重,亦不可仿效制造。今若不禁止,久恐无知小人唯图见利擅造违禁之物货卖,应请行文广东总督,将制造黄色珐琅等物严饬禁止,其在京师内市卖者,亦令该处严行禁止可也。为此谨奏请旨,等因缮折,于雍正十二年十月初十日奏事郎张文彬等转奏。本日面奉谕旨:是。钦此。

从海望的奏折中可以看出:首先,确实如之前所分析,画珐琅翎管系皇帝赏赐之用,而且是加恩行赏之物,年羹尧和周瑛所获殊荣不是一般人所能得到。其次,造办处制作的画珐琅器物尤其是黄色画珐琅器物,在当时只供皇家御用,或赏赐给内外臣工,普通百姓不可能拥有。但也正因如此,导致奇货可居,使得民间有人胆敢仿冒获利。

从记载赏赐外国使臣的档案中可以看出,与康熙帝将画珐琅器物赏赐西洋使臣不同,雍正帝更愿意将画珐琅赏赐给属国使臣。如雍正三年(1725)和五年(1727)意大利、葡萄牙分别派遣使节来华,雍正帝在回赠的诸多礼物中并无画珐琅器。而在雍正元年(1723)、二年(1724)的时候,雍正帝对朝鲜、暹罗、琉球等属国使臣赏赐的物品中,却有画珐琅器。

有的研究学者认为这似乎说明相比西洋,在雍正帝的心目中,属国的地位以及边境的安宁更具有优先的地位。然而,还可以有另外的解释,这或许跟雍正皇帝追求完美、讲究细节的性格有关系,很有可能是他认为国产画珐琅工艺和西洋还是有所差距,赏赐西洋使臣国产画珐琅器物并不能彰显出大清帝国的实力。相反,赏赐给不会生产甚至可能未曾见识过画珐琅器物的属国,恰恰能体现出大清帝国海纳百川、无所不有的气派。

关于艺术
À propos de l'art

从总体上说,雍正朝画珐琅器相比康熙朝画珐琅器,更注重器形的表现和花纹的展示,这很有可能跟中国工匠的独立制作有关系,当然,更加离不开雍正帝的影响。雍正帝以自身审美情趣,对器物造型、色彩、纹饰、设计提出具体要求,最终使得雍正朝之画珐琅器具有造型优美、色彩典雅的特征。有一个比较突出的特点是对黑色的运用,以黑色为地来衬托主体花纹,甚至成为主体纹饰的一部分,这是非常大胆而又非常成功的运用,成为这一时期的典型釉色特征。雍正朝画珐琅器仍以小型器物居多,造型工整，小巧别致，如双桃式水丞、六颈瓶、筒式盒等，都是前朝未曾出现的式样。款识多在器底中心，署红、蓝两种釉色的"雍正年制"双竖行楷书款。画珐琅技术虽然来自西方，但雍正朝画珐琅仍秉承康熙朝画珐琅的传统，在造型、装饰、色彩方面，呈现的是中国传统特色。这样做不仅仅是审美上的喜好，更是政治上的需求。将纯粹国产的画珐琅精品赏赐给大臣或国外使节，可以彰显大清帝国对这一技术的完全掌握（图2-5～图2-20）。

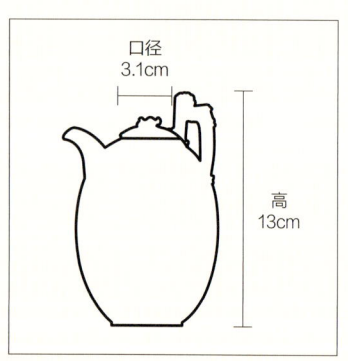

▲ 图 2-5　雍正款画珐琅花卉纹"寿"字卤壶及款识·故宫博物院藏

　　通体以黑釉为地，满饰各色缠枝花卉纹，夔龙形提梁，足外底白釉，中心"雍正年制"楷书双竖行款。雍正帝喜爱洋漆（日本莳绘漆器），造办处档案中曾记载："雍正三年五月二十二日 珐琅作 怡亲王谕：照洋漆鸭蛋式壶样做珐琅壶一对。遵此。于十月二十九日做得铜胎珐琅鸭蛋式壶一对，员外郎海望呈进讫。奉旨：但花纹不好些。钦此。"档案所提到的器物，即是此件画珐琅花卉纹"寿"字卤壶。虽名为卤壶，但并没有使用痕迹，完全是供雍正帝陈设赏玩的器物。

▲ 图 2-6　**日本莳绘山水图鸭蛋式壶·故宫博物院藏**

　　此壶极有可能就是上述档案中所提的"洋漆鸭蛋式壶"，即雍正款画珐琅花卉纹"寿"字卤壶以它为原型而制。

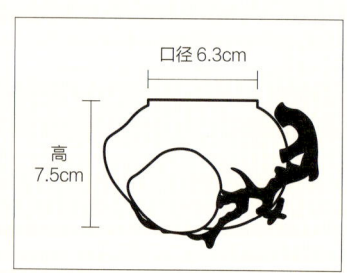

▲ 图 2-7　雍正款画珐琅桃式水丞及款识·故宫博物院藏

　　桃式，以古铜色枝干作把和足。以红、黄和浅绿色，运用晕染技法，表现出成熟的桃实，自然生动。底书蓝色"雍正年制"楷书款。作品在双桃上并绘以双蝠，寓意福寿双全。

　　水丞设计新颖，构思巧妙，意趣生动。

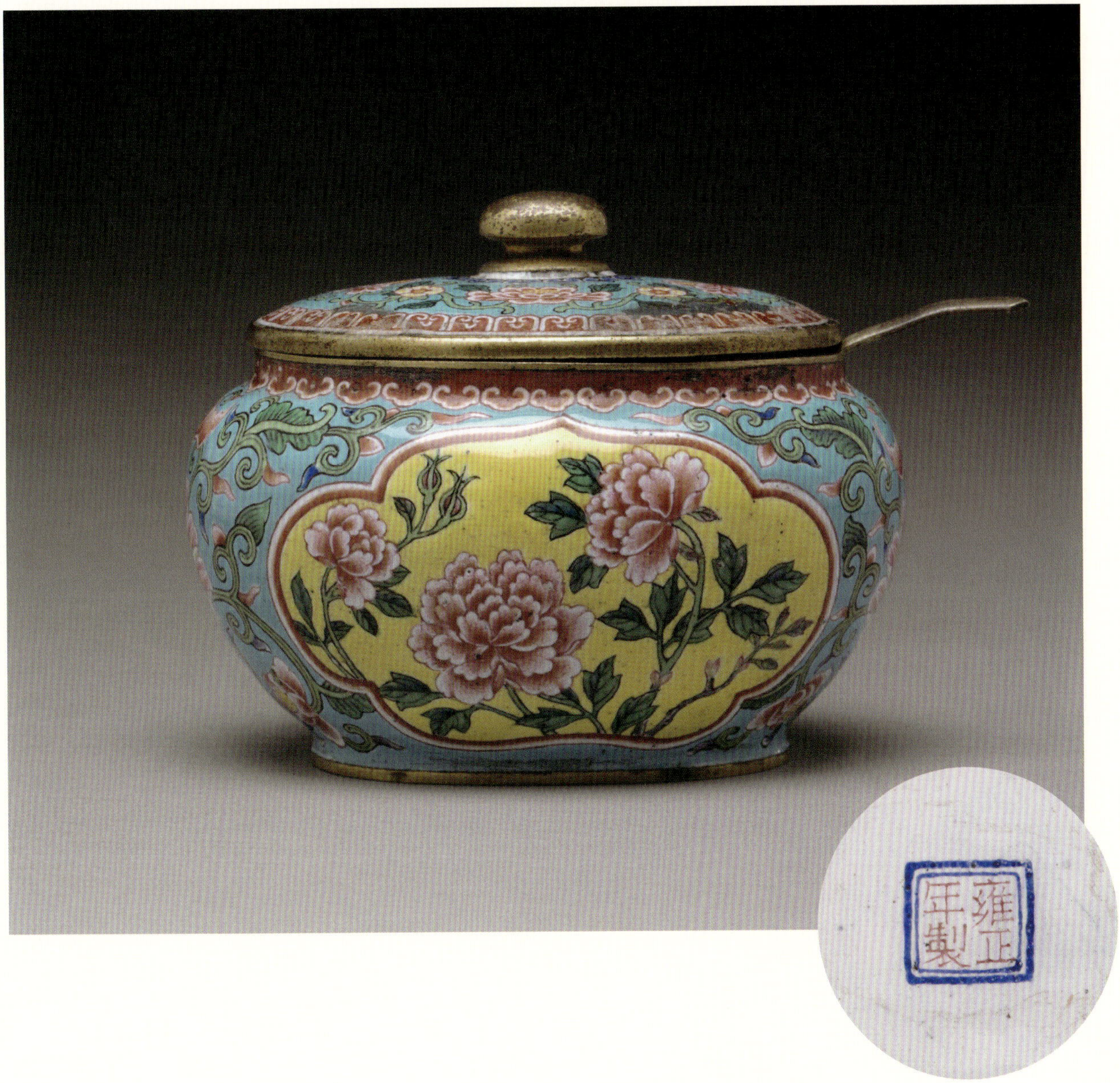

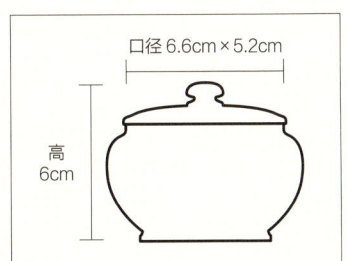

▲ 图 2-8　雍正款画珐琅牡丹纹椭圆形水丞及款识·故宫博物院藏

　　附勺，通体天蓝色珐琅釉为地，铜镀金圆盖钮，饰缠枝花卉及莲瓣纹。水丞两面作菱形开光，内施黄釉地，饰娇艳荷花和富贵牡丹花卉图案。两侧各绘缠枝莲一朵，上饰蓝色篆体"寿"字及粉红色蝙蝠一只，寓福寿双全之意。外底白釉，正中双方框内楷书"雍正年制"双竖行款。此水丞器型优美，纹饰精细，釉质纯正，为雍正朝画珐琅精品器物。

第二章　必造可观 | 069

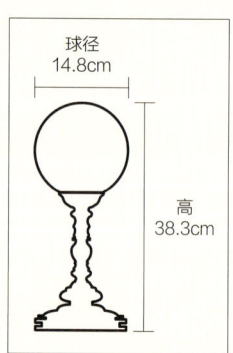

◀ 图 2-9　**画珐琅花蝶纹玻璃天球式冠架·故宫博物院藏**

　　冠架、冠伞为水银玻璃球形，球碗黑色珐琅釉地上彩绘折枝菊花、荷花、牡丹等花卉，架柱分层以不同色釉为地，彩绘各色花卉纹。底座以黄色釉为地，彩绘缠枝莲花纹，座下置紫檀木座。架柱中间蓝色方框栏内书"雍正年制"楷书款。

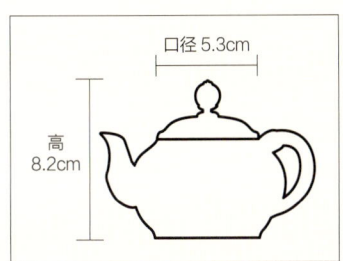

▲ 图 2-10　雍正款画珐琅花蝶纹壶及款识·故宫博物院藏

　　壶扁圆腹，曲流环柄，盖顶镀金錾花并镶红色珊瑚珠，圈足。壶底白色地，蓝色双线方框内书蓝色"雍正年制"双竖行楷书款。通体浅绿色珐琅为地，在彩色花卉之间，蝴蝶相向飞舞，呈"喜相逢"状。

　　此壶造型小巧玲珑，颜色鲜艳丰富，纹饰细腻生动，为雍正朝画珐琅工艺精品中的代表作。

第二章　必造可观 | 071

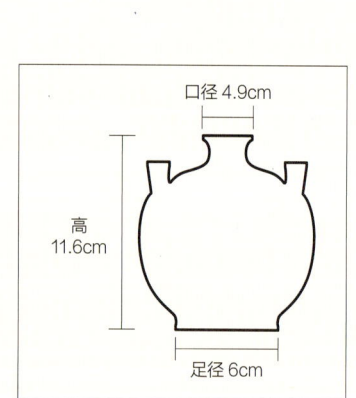

▲ 图 2-11　雍正款画珐琅缠枝莲纹六管花插及款识·故宫博物院藏

　　瓶侈口，圆管形钮盖，肩部环五圆管，鼓腹，圈足。外底白色珐琅地，中心双蓝线方框内书蓝色"雍正年制"双竖行楷书款。通体以黄色珐琅为地，盖饰紫、藕荷、浅绿、蓝、红五朵莲纹，腹饰红色缠枝莲纹五朵。肩及足部黑色珐琅地上饰红色折枝花卉纹。瓶内施蓝色珐琅。

　　此花插是雍正时期画珐琅器出现的新器形，系仿制瓷器中的此类作品而来。如雍正四年（1726）养心殿造办处珐琅作档案中记载："雍正四年五月十六日 奉旨：着照九州清晏陈设的磁（瓷）花插款式烧做珐琅花插几件。钦此。于七月二十一日做得五管花插一件，随紫檀座。于八月十四日做得六管花插。"

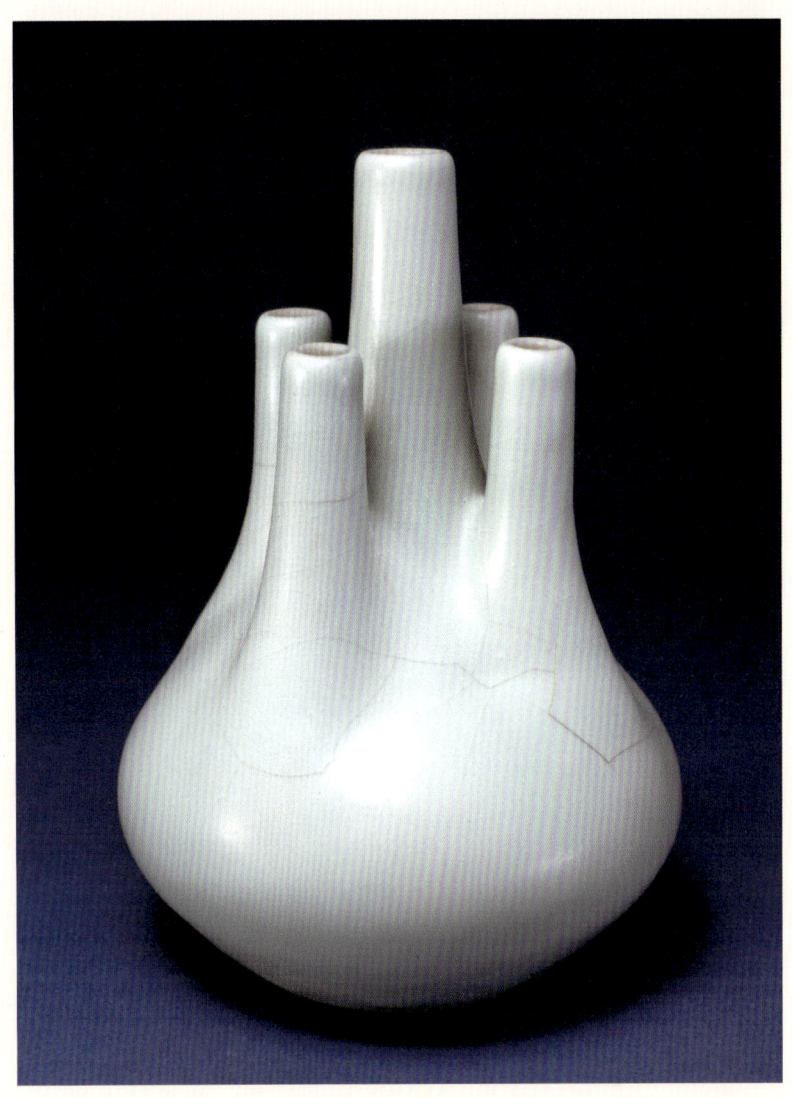

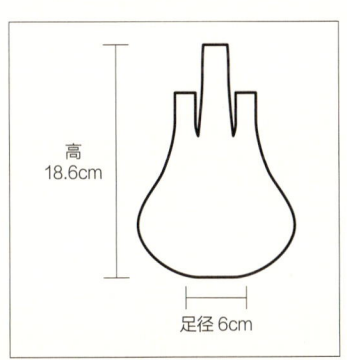

▲ 图 2-12　**雍正款仿官釉五管花插及款识·故宫博物院藏**

　　瓶出五管，圆唇口，鼓圆腹，圈足。全器施仿官釉，釉面可见开裂纹，釉色均匀。雍乾两朝御窑厂所制仿前朝釉色器物繁多，其追摹宋瓷更是达到"仿古暗合，与真无二"的程度。雍正十三年（1735），唐英所作《陶成记事碑》中，将"仿古大观釉"列于仿古釉之首。此种瓶式在清宫档案中称"大观釉五岳花插"，其五孔攒聚之形，应是取五岳朝天之意。

第二章　必造可观 | 073

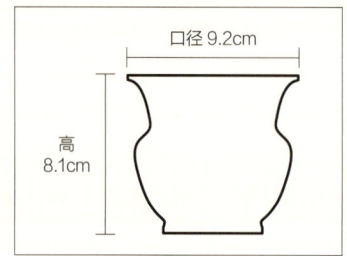

▲ 图 2-13　雍正款画珐琅开光花鸟图唾盂及款识·故宫博物院藏

　　唾盂通体施天蓝色珐琅釉为地，颈部彩绘缠枝莲花纹。肩部饰黑色如意云头纹一周，腹部四开光内黄色釉地上，彩绘四季花鸟主题图案，开光外绘莲花纹。近足处绘绿叶红白莲瓣纹。外底蓝釉地上绘绿叶折枝黄橘、红色蝠纹，中心书蓝色"雍正年制"双行楷书款。此唾盂画功及釉色均具雍正朝画珐琅的标准特征。

荣耀时代：皇家珐琅的尘封往事

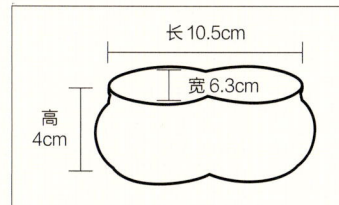

▲ 图 2-14　雍正款画珐琅缠枝莲纹双连盒·故宫博物院藏

　　盒呈双圆形连理式，铜镀金矮圈足。通体以黄色珐琅釉为地，用红、蓝、绿等颜色的珐琅彩绘莲花纹。

　　外底白地，中心书"雍正年制"双竖行楷书款。此盒做成连理式造型，寓意"和和美美、天长地久"。

◀▲ 图 2-15　**雍正款画珐琅寿字花卉纹杯盘及款识·故宫博物院藏**

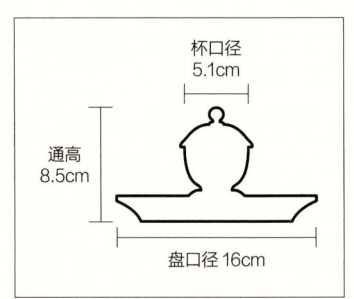

　　杯、盘以天蓝色珐琅釉为地。杯盖铜镀金钮,黄色开光内篆体"寿"字,间隙饰勾莲纹;杯外壁四开光,内天蓝色地,彩绘荷花、梅花、翠竹、桃蝠等花卉图案。盘托中心凸起,黑色釉地上绘各色花卉纹,外圈四个如意形开光内,彩绘同杯外壁开光内相同的图案,开光外细勾各种图案式花卉纹。盘折沿处绘缠枝花卉及蝠蝠纹。盘折沿外壁绘佛手、葫芦、石榴等缠枝花卉纹。杯及盘外底部均施天蓝色釉,中心书蓝色"雍正年制"双竖行楷书款。

第二章　必造可观　｜　077

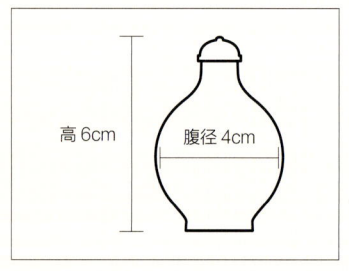

▲ 图 2-16　**雍正款画珐琅梅花图鼻烟壶**

　　扁瓶形，椭圆形圈足。通体紫红釉地绘白梅花一株，梅花枝杈盘虬交错，盛开的花朵缀满枝头。花心以淡绿、淡黄色点染，清新雅致。底施白釉，中心书蓝色"雍正年制"双竖行楷书款。铜镀金錾花盖连象牙匙。

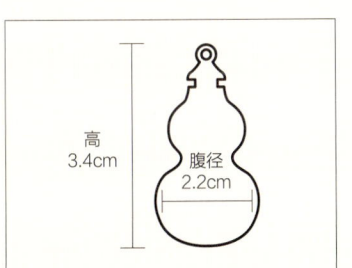

▲ 图 2-17　雍正款画珐琅福禄纹葫芦式鼻烟壶及款识

　　葫芦式，平底。黄釉地上绘通景葫芦一株，其枝蔓缠绕周身，在绿叶白花之间结有果实，两只红色蝙蝠上下翻飞，寓意"福禄双全"。底书黑色"雍正年制"双竖行楷书款。画珐琅铜镀金圆环形钮盖连象牙匙。

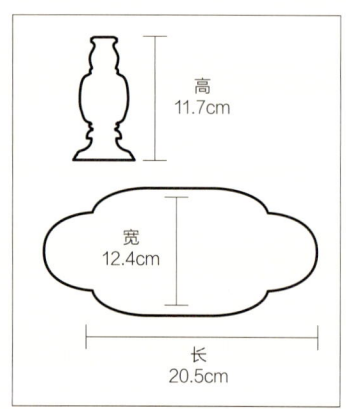

▲ 图 2-18　雍正款画珐琅花蝶纹香插及款识·故宫博物院藏

　　香插与托盘主体均以黄色珐琅釉为地，香插颈部为黑釉地彩绘折枝花卉和如意云头纹，腹部四面开光内白釉地，彩绘荷花、桃蝠等图，开光外黄色珐琅釉地上彩绘缠枝花卉纹，肩及近底部各绘一周莲瓣纹。托盘内彩绘缠枝花蝶纹，盘边黑釉地彩绘各色花卉，背黄釉地彩绘各种缠枝花卉纹。盘底承四个铜镀金垂云头足，外底中心蓝色双方框栏内书"雍正年制"双竖行楷书款。盘下置海棠花式木座。

▲ 图 2-19　雍正款珐琅彩梅花图碗及款识·故宫博物院藏

　　碗撇口，深弧腹，圈足。内、外壁和圈足内均施白釉，足端无釉。外壁黄地珐琅彩绘折枝梅花图题诗句装饰。一侧绘折枝梅花图，以黑彩、绿彩分绘粗细枝干与枝条。枝条虬枝峥嵘，其上饰粉红、淡绿两色梅花，以淡黄色点缀花蕊，梅花静香妍开，生机盎然；另一侧画面空白处以黑彩题写行书体"只言花是雪，不悟有香来"五言诗。此诗出自苏子卿《梅花落》。外底中心双方框内书蓝色"雍正年制"双竖行楷书款。

　　珐琅彩瓷是康熙朝晚期受欧洲进口的铜胎画珐琅影响而创烧的釉上彩绘瓷器品种。早期珐琅料依赖欧洲进口，色彩种类少。雍正六年（1728），在怡亲王胤祥的指导下，造办处珐琅作成功新炼珐琅料极大丰富了珐琅彩瓷器的色彩品种。雍正朝珐琅彩瓷器造型端庄隽秀，胎釉细腻莹润，纹饰线条精细生动，绘画题材多以花鸟、山水、竹石等为主，配以与景物相应的诗句，题诗行书字体隽秀洒脱，整幅画面集诗、书、画、印于一体，体现了雍正朝珐琅彩瓷器精细文雅的艺术风格。

第二章　必造可观　｜　081

荣耀时代：皇家珐琅的尘封往事

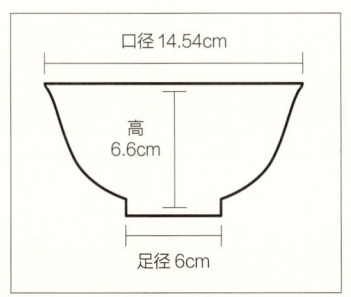

▲▲ 图 2-20　雍正款珐琅彩雉鸡牡丹图碗及碗身平面展开图·故宫博物院藏

　　碗敞口，弧腹，圈足。胎体轻薄，半透明状，瓷质细腻。釉莹白如雪，上绘雉鸡牡丹图，附墨彩题诗："嫩蕊包金粉，重葩结绣云。"外底蓝色双方框内书"雍正年制"双竖行楷书款。

第二章　必造可观　　　　083

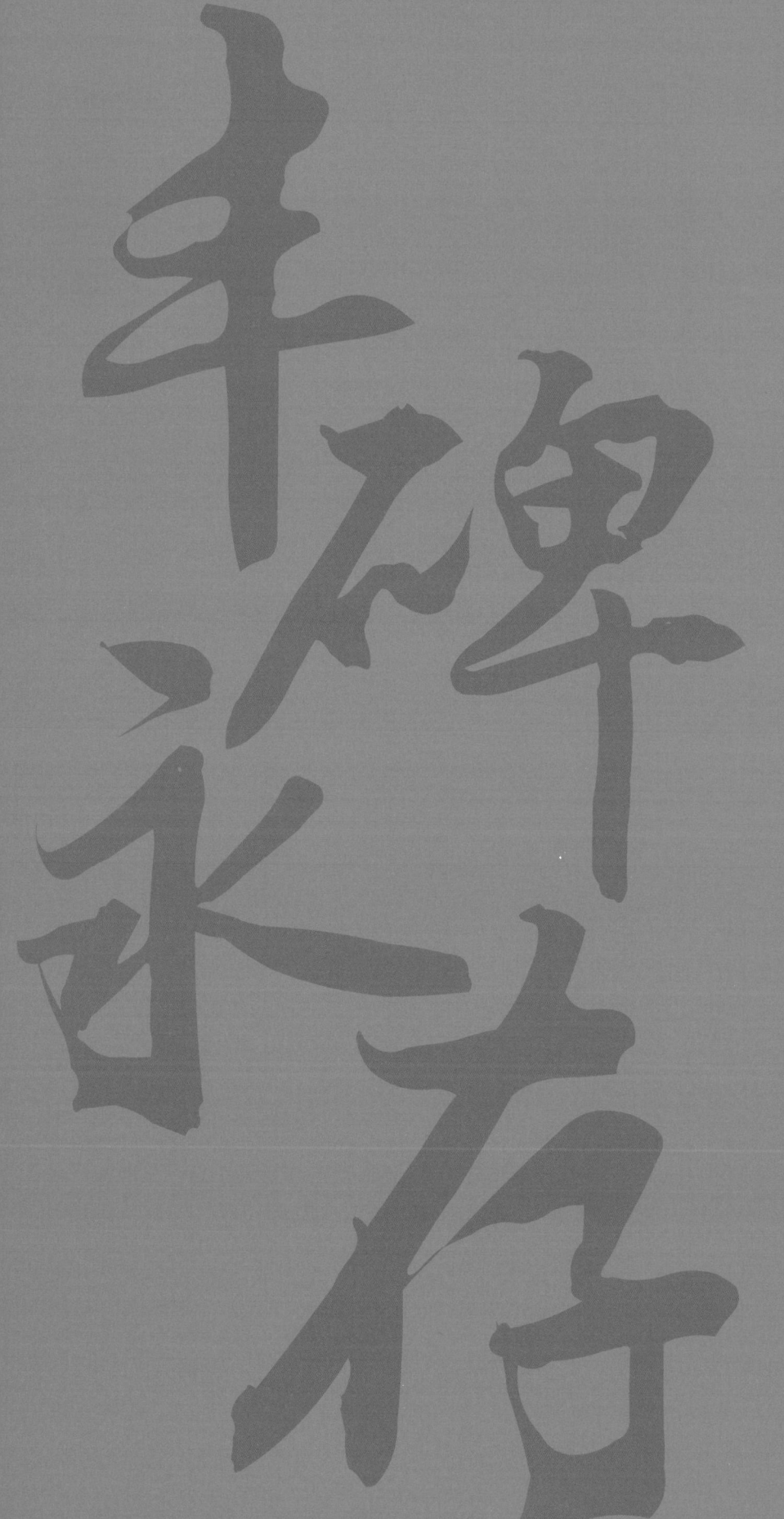

Chapitre III

第三章

Un monument pour l'éternité

荣耀时代：皇家珐琅的尘封往事

乾隆帝于乾隆三年（1738）开始陆续选取金属胎、玻璃胎、瓷胎、紫砂胎画珐琅器装入楠木匣中，定名并将名称刻在匣上后，集中存放于乾清宫内端凝殿中。太上皇宫（宁寿宫院区）建成后，又同样在用来祭神的宁寿宫中存放，并且下旨他的这些精心设计永世不得改动。如此一来，"亿万斯年"之后，他的子孙皇帝们依然会纪念他和先辈所取得的荣耀，歌颂他们的伟大功绩。然而，最新的发现和研究表明，乾隆帝似乎并不满意本朝的画珐琅器，认为其不能超越他祖父和父亲时代的器物，为此他不惜采取非常手段改变这一现状。

乾隆皇帝
L'empereur Qianlong

清高宗乾隆皇帝名弘历，爱新觉罗氏。康熙五十年（1711）八月十三日生于雍亲王府，清世宗雍正皇帝第四子（图3-1）。

弘历自小受祖父康熙皇帝的钟爱，养之宫中。雍正元年（1723），世宗即密建其为皇储，雍正十一年（1733）封为和硕宝亲王，雍正十三年（1735）即位，年号乾隆。弘历封和硕宝亲王时，即开始参与军国要务。即位之后，他更站到了当时中国社会的制高点，开始施展其"文治武功"。"文治"表现于他在政治、经济上的作为和文化上的贡献。政治上矫其祖宽父严之弊，

▶ 图3-1　乾隆帝老年朝服像

第三章　丰碑永存

实行"宽严相济"之策，整顿吏治，厘定各项典章制度，优待士人，安抚雍正朝受打击之宗室。经济上奖励垦荒，兴修水利，全国呈现出一派繁荣昌盛之势。乾隆帝自诩有"十全武功"，即两次平定准噶尔，一次平定回部，两次平定金川，两次反击廓尔喀入侵，征讨缅甸和安南，镇压台湾的林爽文起义。实际上，乾隆朝的战争远不止于此，但令他最为自豪的即是这十场战争，尤其是平定了准噶尔和回部，完成了康熙和雍正朝的未竟之业，奠定了近代中国的版图。他在晚年亲自撰写《十全记》记述他的"十全武功"，并因此自称"十全老人"（图3-2）。

乾隆帝执政60年后，虽禅位于其皇十五子颙琰（嘉庆帝），但又以太上皇的身份进行了3年统治。他不仅是中国历代帝王中寿命最长的皇帝，而且也是实际执政时间最久的皇帝。嘉庆四年（1799）正月初三，乾隆帝卒于养心殿，享年89岁（图3-3）。

▼ 图3-2　碧玉十全老人之宝
▶ 图3-3　乾隆帝骑马戎装像

第三章　丰碑永存

在康熙、雍正两位皇帝不断努力的基础上，乾隆朝画珐琅技术已经完全脱离对西洋技术的依赖，文献中难觅皇帝或传教士向西洋的求助，造办处可以根据皇帝的需求制造各种器物。

但是，毕竟限于发展时间较短，技术还不够完全成熟等原因，乾隆朝画珐琅工艺从质量水平上来说，还是无法与西洋画珐琅工艺相比，最直观的感觉是釉质表面缺乏一种玻璃透明的质感，釉色的纯度也与西洋器物有差距。乾隆帝对此有着清楚的认识，在档案中可以看到他多次下旨命人采买西洋珐琅器物来充实宫廷。

不过，乾隆帝对康熙帝和雍正帝重视画珐琅工艺的意图，不但清楚明白，而且继续贯彻。为了表现他对先辈的敬意以及他继往开来的功绩，至迟从乾隆三年（1738）开始，乾隆帝陆续将具有代表性的康雍时期和本朝瓷胎、铜胎、玻璃胎、紫砂胎画珐琅器物装入木匣，将名称刻于匣上后，集中存放于乾清宫端凝殿。乾隆四十四年（1779）太上皇宫建成后，又集中存放于宁寿宫中。从端凝殿和宁寿宫这两个存放地点就可以看出乾隆帝对画珐琅器物的重视程度。

端凝殿

Le pavillon Duan Ning

乾清宫始建于明永乐十五年（1417）十一月，位于紫禁城中轴之上，是后廷的正殿，在明代是皇帝的寝宫（图3-4）。清代早期承袭明制，依然作为皇帝的寝宫，但因明末毁于战火，顺治帝先暂居养心殿，顺治十三年（1656）才移居乾清宫。在康熙时期，乾清宫不仅是皇帝的寝宫，还是理政之处。端凝殿位于乾清宫正殿东侧高台基址上，属于乾清宫区域（图3-5）。

▼ 图3-4　乾清宫

第三章　丰碑永存

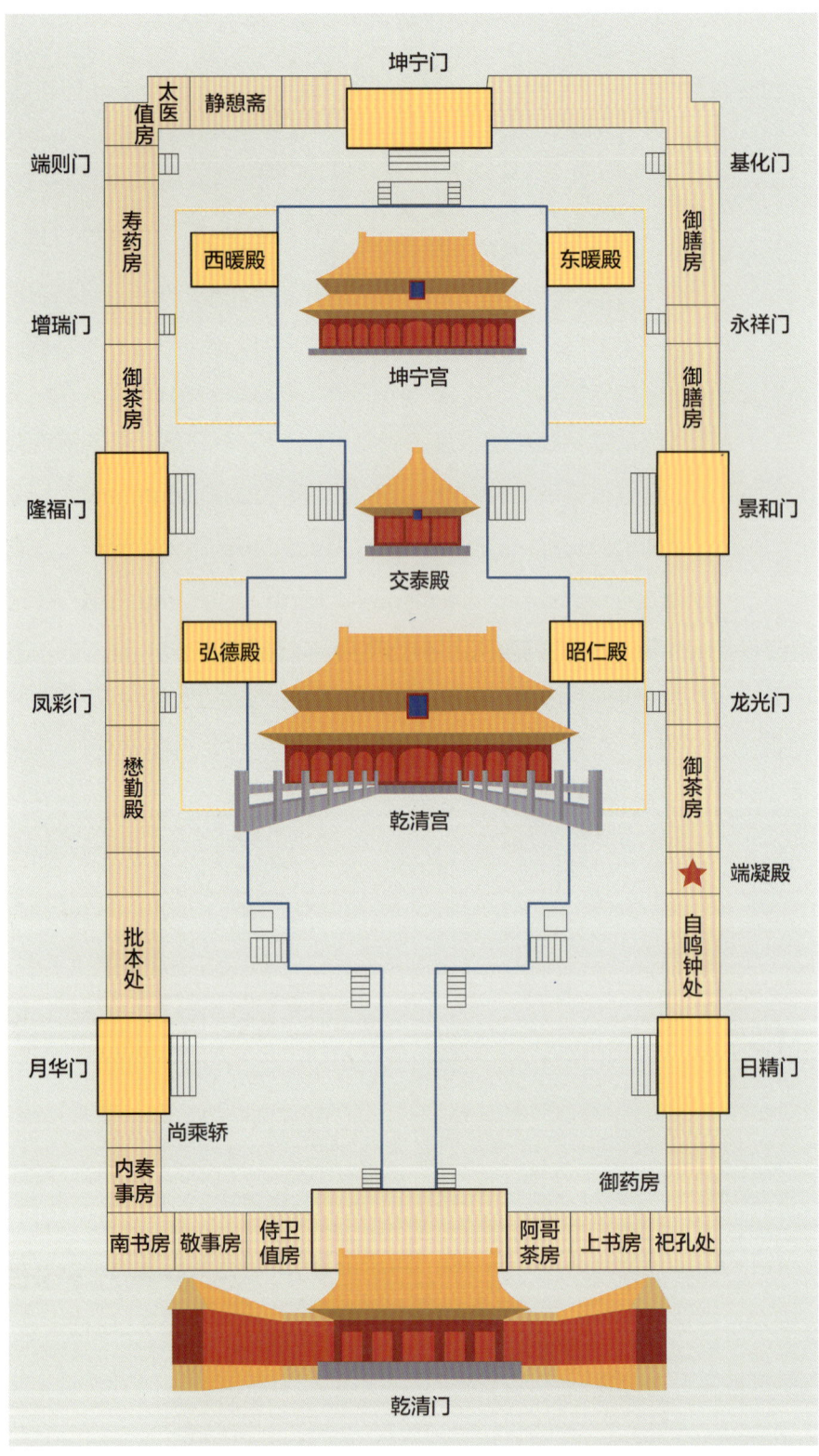

◀ 图 3-5　端凝殿位于乾清宫东侧御茶房与自鸣钟处之间

"御门听政"是历代较有作为的帝王处理政务的一种形式，因是在清晨，故又称早朝。明朝规定，文武官员每天拂晓到奉天门（太和门）早朝，皇帝亲自接受朝拜、处理政事。清初"御门听政"移至乾清门。但是，顺治帝只是偶尔到乾清门与大臣讨论国事，并未形成制度。康熙六年（1667）七月，康熙帝在太和殿举行亲政大典之后，"御门听政"才正式成为在康熙朝常行不辍的制度。康熙帝去世后，雍正帝在登基礼的当天即宣布："朕思乾清宫乃皇考六十余年所御，朕即居住，心实不忍。朕意欲居于月华门外养心殿。著将殿内略为葺理，务令素朴。朕居养心殿内，守孝二十七月，以尽朕心。"不过，二十七个月守孝期结束后，雍正帝却再也不回乾清宫，就在养心殿理政就寝了。自此，乾清宫在清代成为一个纯粹的皇帝理政之所。

清代特有的秘密立储制，是雍正帝在乾清宫确立的。雍正元年（1723）八月十八日，雍正帝在乾清宫西暖阁，召见总理事务王大臣、满汉文武大臣、九卿说："圣祖既将大事付托于朕，朕身为宗社之主，不得不预为之计。今朕特将此事亲写密封，藏于匣内，置之乾清宫正中世祖章皇帝御书'正大光明'匾额之后，乃宫中最高之处，以备不虞。诸王大臣咸宜知之。或收藏数十年，亦未可定。"之后，他将后来的乾隆皇帝弘历的名字亲写密封藏于匣内，命人放在"正大光明"匾后。遗憾的是，传位诏书并没有"收藏数十年"，雍正十三年（1735）八月二十三日，雍正帝在圆明园去世，终年58岁。根据他的秘密立储制度，由皇四子宝亲王弘历继位。

此外，清末代皇帝溥仪复辟❼亦选择在乾清宫（图3-6）。

❼
溥仪复辟
复辟，泛指被推翻的统治者恢复原有的地位或被消灭的制度复活。溥仪复辟，又称张勋复辟，是指由张勋一手策划，于民国六年（1917）七月拥护清朝废帝溥仪在北京复辟的政变，前后历时共十二天。

第三章　丰碑永存 ｜ 095

▲ 图 3-6　清末代皇帝溥仪复辟时在乾清宫朝服像

皇帝的丧仪不仅是皇家也是国家的重大政务活动。清代宫廷在乾清宫为皇帝办丧礼，始自顺治帝福临之死。顺治十八年（1661）正月初七日，福临死于养心殿，当日在乾清宫停放梓宫开始举办丧礼。此后，清帝丧仪于乾清宫举行成为定制。

与端凝殿相对应的乾清宫西侧高台基址上为懋勤殿和批本处。懋勤殿是距离乾清宫最近的一处理政机构，最初是康熙帝年少时的一座书房，乾隆时期改为内廷翰林侍值之处。批本处最初名"红本房"，乾隆时期改为现在的称谓。批本处的职责是接收内阁发来的奏章，然后交内奏事处进呈，御览批阅后，再交批本处用满文缮写，然后交内阁抄发。

由以上内容可知，端凝殿所在的乾清宫区域，虽处于后廷，但占据核心位置。乾隆帝选择此处存储康雍乾画珐琅器物，绝不会是随便选择的结果，肯定是经过权衡后做出的决定，具有特殊的政治意味。

我们再看同样存放在端凝殿内的器物，更能体会到乾隆帝此举的意图。当时在端凝殿还保存着努尔哈赤、皇太极、顺治帝、康熙帝、雍正帝和乾隆帝自己曾经用过的朝珠，乾隆帝还特为此专门写下《端凝殿恭藏列祖御用朝珠记》表白自己的心迹（图3-7）。

▼ 图 3-7　珊瑚带珠石饰朝珠

《端凝殿恭藏列祖御用朝珠记》

我国家鄗金元之易，汉服仍遵旧制，衣冠加之黼黻，绢绣贲以朝珠。朝珠非古制，后世必有议，以为用佛礼者，然历代所用有其举之莫敢废也。承祀临朝堂皇炜赫百余年，世德永昌鸿邕天庥，此万禩子孙所宜钦守弗失者也。至于朝珠，实我黑龙江所产，自古帝王所不能致者。五代至朕，朝珠之数积至六百四十有八。珠产于盛京东之黑龙江，故名曰东珠。每岁采进者甚夥，是即王气所钟、地不爱宝之验。我朝礼服所御数珠，择其尤佳者用之，自太祖、太宗、世祖、圣祖、世宗五代至朕，珠凡积至六百四十有八，因于乾清宫东庑之端凝殿恭贮，并定为二十五层之匣，以俟奕叶按代递增。斯亦三皇以来所未闻者矣，兹以二十五层之数匣衍之冀。奕叶慎守，家法永承。天祐予祝在兹，予惧更在兹矣。

乾隆帝曾言："予向来吟咏，不屑为风云雨露之词。每有关政典之大事者，必有诗纪事。"在《端凝殿恭藏列祖御用朝珠记》中，他解释自己将清太祖一直到本朝御用的朝珠一共648颗放在25层的匣中，是希望"以俟奕叶按代递增"，并祈愿"奕叶慎守，家法永承"，明确自己承担着延续先辈开创基业的历史责任，同时希望后世子孙能够将这皇皇帝业传承下去。

同样，乾隆帝对于各种胎质画珐琅器物的恭藏，也是为了纪念先辈的开创精神，为后世帝王做表率，无疑是为自己和康熙、雍正两位皇帝树立了永久的丰碑。台北故宫博物院收藏有一件"康熙年制瓷胎画珐琅菊花白地小瓶"，原来也是被收储在端凝殿中。这件瓷瓶上的珐琅磨损甚重，且从画工、器型等各方面来说都难以称为上品，但是，乾隆帝依然将其恭藏于端凝殿中。可见他并不是以器物的精美程度来决定是否收藏，而是选择那些能够完整记录清帝国对画珐琅技术从无到有、从劣到优完整历程的器物！显然，乾隆帝对这一历程充满了敬意，而且希望后世帝王能够牢记其中意义。

宁寿宫

Le palais de la longévité tranquille

宁寿宫院是坐落在紫禁城外东路东北部一组建筑的统称之名，现在被故宫博物院开辟为珍宝馆。

它的建造源于乾隆帝即位之初的对天盟誓，即不愿自己在位年限超过其祖父康熙皇帝在位的六十一年。为了兑现誓言，即执政六十年后归政做太上皇，乾隆三十五年（1770）八月十三日，乾隆六旬大寿庆典后，乾隆帝即下旨修建太上皇宫（宁寿宫院）（图3-8）。

据《乾隆起居注》记载，乾隆四十四年（1779）八月二十四日是宁寿宫院竣工的日子，这天乾隆帝通过大臣下达谕旨称宁寿宫"功届落成"，要行赏所有官员匠役。如此算来，宁寿宫院用了九年的时间才得以修建完成。它的基址原为明代仁寿宫院旧址，清康熙二十八年（1689）将其改建为皇太后的奉养之地，取名"宁寿宫"。

乾隆此次扩建，仍以"宁寿"为整组宫殿名，并在原来的殿址基础上拓展成一座南起九龙壁，北至贞顺门，占地4.6万多平方米的建筑群，以宁寿门、皇极殿、宁寿宫为前朝，其后并列花园、寝室、戏台为生活区的朝寝建置。其建筑空间严谨对称，布局安排合理。整座建筑突出礼制，遵循威严整肃、至高无上的宫殿特

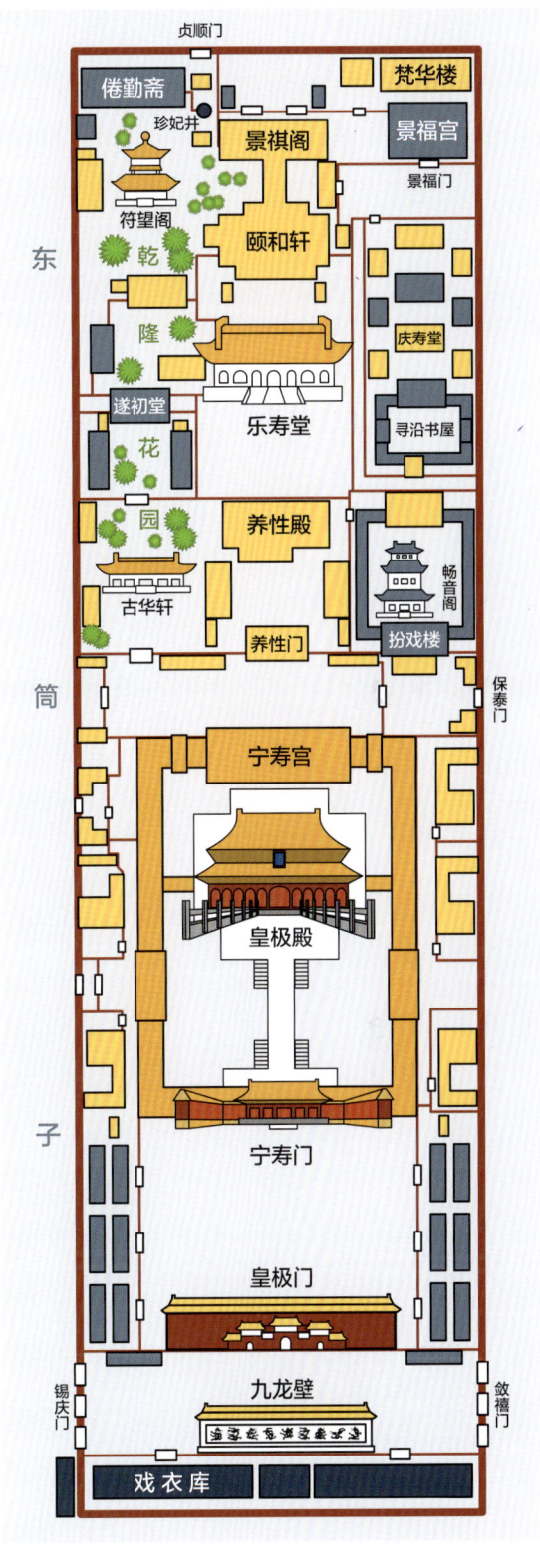

▶ 图 3-8　太上皇宫全图

点。用作临朝寝居之所的殿宇安置在纵向正中位置,与其说是太上皇的颐养之所,不如说是紫禁城中轴线边上的又一个政治中心。宁寿宫则是整组建筑的主要宫殿之一,现在是故宫博物院珍宝馆中的展厅,在当年则是乾隆帝准备退位后,居住在太上皇宫时祭神的场所。

清代皇室为满族,这个源自东北的民族信奉萨满教。原始的萨满教没有庙宇和神祠,也不设专职的教徒。信奉萨满教的不同民族崇拜的神灵也不相同。努尔哈赤统一女真各部落建立后金政权后,把原始的自然崇拜、图腾崇拜和祖宗崇拜野祭活动统一为以血缘关系为纽带的满族全民族的神祖家祭。在满族聚居的地方以受族人爱戴的人主持祭祀,门前立神竿,屋内设神案、神位。后金定都盛京(今沈阳)后,清太祖努尔哈赤保持了立神竿祭祀神祖的家祭活动。清太宗皇太极即位后,在皇帝、皇后居住的中宫——清宁宫外设神竿,内设神位,遵循了人神同居一室的满族传统祭神方式。1644 年,清皇室入关,住进紫禁城。临朝政务、起居生活多沿袭明代,唯有祭神活动照搬满族传统。顺治十三年(1656)依清宁宫式样改中宫坤宁宫(乾清宫之后)为祭神场所,置万字炕、口袋房,并在南炕设皇帝位,西炕、北炕设神位,坤宁宫门口设神竿,一如清宁宫祭神之式。

乾隆帝在《宁寿宫记》云:

> 盛京大政殿后清宁宫,祖宗时祀神之所。祭毕乃王公大臣进内食祭肉。国初定鼎燕京,则于乾清宫后殿坤宁宫行祭神礼,一如清宁宫之制。至今遵循旧章。余将来归政时自当移坤宁宫所奉之神位、神竿于宁寿宫,仍依现在祀神之礼。

按照乾隆帝的说法,将来他禅位后还会来到宁寿宫继续祭神。

因此，宁寿宫是一座仿坤宁宫具有满族祭神特色的建筑，它的大门和普通宫殿明间开门不一样，为西一间开门，西四间设南、北、西三面炕，作为祭神的场所，与门相对后檐设锅灶，作杀牲煮肉之用。现在，故宫博物院虽已将宁寿宫改为有现代化设施的展厅，但依然保留了过去的建筑特色（图3-9）。

▶ 图3-9　宁寿宫

嘉庆元年（1796）正月初一日，乾隆帝亲手将宝玺交给子皇帝颙琰（嘉庆帝），完成了禅让传位仪式。按理说，授玺之后，太上皇应去太上皇宫殿颐养天年了。可出于对权力的贪恋，乾隆帝非但没有去颐养，仍旧住在养心殿，还提出了"归政仍训政"的主张，理由是"子皇帝初登大宝，用人理政尚不能如予之经理熟悉"，因此，子皇帝须勤加练习。子皇帝每日披览奏章及遇军国大事、用人行政等须先请示太上皇。乾隆帝还镌刻一方硕大的"太上皇帝之宝"，发布政令时要盖在嘉庆帝的"皇帝之宝"之上。但对于一切跪拜典礼、祭祀等消耗体力之事，乾隆帝认为这是"子皇帝之责"，唯有坤宁宫祭神，他却当仁不让"仍须亲行"。乾隆六十年（1795）之后，坤宁宫大祭，他事必躬亲。准备给太上皇用来祭神的宁寿宫自然也被闲置。

尽管未曾使用，但宁寿宫在当初营建和后期装饰陈设之时，却是按照太上皇祭神之所准备的。作为紫禁城后宫的东西六宫，还包括太上皇宫和皇太后居住的慈宁宫，里面又包含了众多大大小小的宫殿，其中绝大多数的室内陈设只要符合规制，能够体现宫廷生活的富丽奢华即可。然而，"国之大事，在祀与戎"。宁寿宫是祭神的神圣场所，里面的装饰陈设都是经过乾隆帝认真琢磨、精心设计的。

实际上不止宁寿宫，作为将来自己养老的地方，乾隆帝花了很多心思在装饰陈设上，对自己一生的功绩进行展示宣扬。以宁寿宫北侧的颐和轩和乐寿堂为例。颐和轩明间的东西楠木板墙上铭刻着《西师诗》和《开惑论》两篇诗文，两次平定准噶尔叛乱和平定回部是乾隆帝一生骄傲的十全武功当中最重要的三次，乾隆帝在诗文中详细描述了战争的原因、经过和他对这三次武功的感想。康熙帝曾御驾亲征准噶尔三次，雍正帝也是吃尽了苦头，而乾隆帝最终平定西域之后，不仅西北边患从此彻底消除，还正式把此疆域纳入中国版图，"新疆"之名由此诞生。完成了康熙帝、雍正帝未竟之业，绝对是乾隆帝最骄傲自豪的事情（图3-10）。

▼ 图3-10　颐和轩明间东板墙上《西师诗》

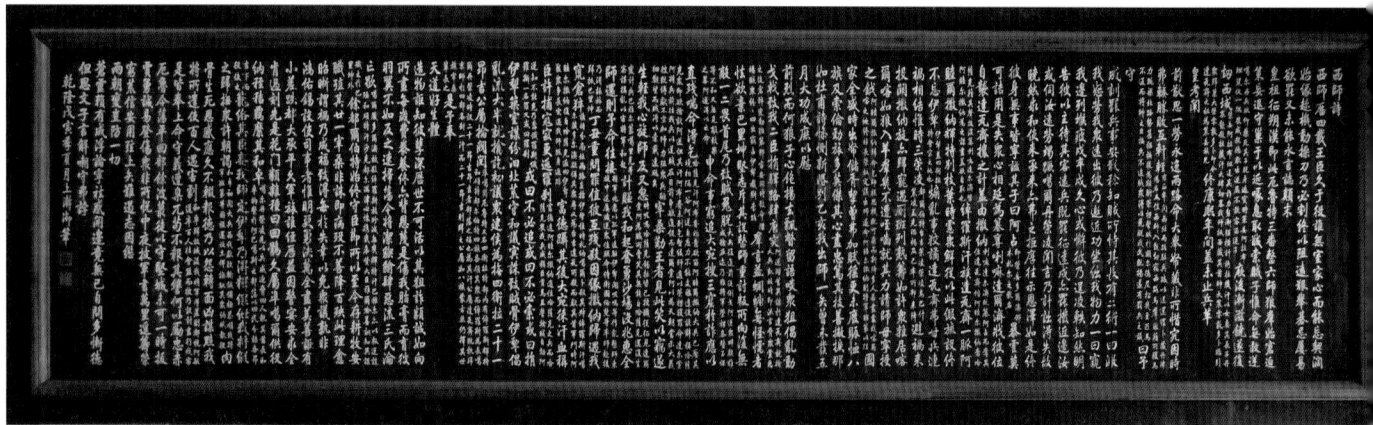

在乐寿堂陈设的玉瓮、丹台春晓玉山、大禹治水图玉山均是采用新疆和田玉雕琢而成，乾隆帝显然也是意有所指。大禹治水图玉山，重约九千斤，历时三年才从新疆运抵北京。乾隆帝于乾隆四十六年（1781）令内务府画工、玉工以内府所藏《大禹开山图》为蓝本进行设计，然后运往扬州进行雕琢，历时六年方才完成。于乾隆五十二年（1787）运抵北京，五十三年（1788）正月二十五日陈设于宁寿宫乐寿堂明间北厅。乾隆帝又命工匠将御制诗《题密勒塔山玉大禹治水图》镌刻于玉山上。大禹治水是数千年来人们传颂的伟大功绩，历代帝王都以法先王，学尧、舜、禹来标榜自己。乾隆帝云：

予筹办西师，决机定策，克集大勋。自底定后三十余年以来，抚绥安辑，整饬怀柔，无不备至。所以新疆各部之人安乐爱戴，效顺输忱。一家臣仆，每岁春秋，采玉供役，受赏踊跃，子来绝无劳怨之状。获此巨珍，以传古王圣迹，非耳目华嚣之玩可比也。因即免其每岁春贡之玉，着为令典，以示体恤。后之人思艰图易，抚驭有方，征求勿事。慎守《旅獒》之训，以凝承大宝，庶不负予制器垂裕之深衷耳！

乾隆帝想表达的意思是，自平定西域以来，推行怀柔政策，各部感恩戴德，相安无事。民众开采玉石，出自自愿，并无驱役之工。今所获得密勒塔山巨珍，将之雕琢成大禹治水图，并非漫为求珍玩物，而是传古王圣迹，永遵《旅獒》之训，敬重德行，惟德其物，就能达到安定国家、保护百姓的目的。乾隆帝以大禹治水的事迹来暗示自己的十全武功，在十全武功中，唯平定西域之功为最大，故乾隆以西域之玉，雕琢成大禹治水图，表示自己大功告成心安理得，不会被后人嘲笑为因贪图享乐而禅位给自己的儿子（图3-11）。

第三章　丰碑永存

▲ 图 3-11　大禹治水图玉山及背后御制诗

清宫档案记载，乾隆帝曾要求大臣在乾清宫和太上皇宫中找寻安放大禹治水图玉山的地方，大臣曾推荐宁寿宫东暖阁，但乾隆帝最终还是选择了乐寿堂。尽管如此，依然可以看出，宁寿宫虽然是祭神的神圣之地，依然也是纪念宣扬他人生功绩的场所。实际上，至迟从乾隆四十三年（1778）开始，乾隆帝即在宁寿宫存放画珐琅器，档案记载当时在宁寿宫内专设紫檀大柜用来收储。皇极殿、宁寿宫等大殿均陈设大柜，紫檀木制作。紫檀木皆从粤海关❽入关，因此，紫禁城中的紫檀木大柜都是由粤海关制作而成，经常陈设于大殿的东西墙处（图 3-12）。清宫档案详细记录了大柜的制作时间及过程：

> ❽
> **粤海关**
> 广州海关的旧称。粤海关在政治、外交、财政收益诸方面的地位非比寻常，海关监督一职除几个时间段系由广州地方官兼任外，其余时间都是由皇帝直接任命，且多为其信任的皇族或包衣出任。粤海关监督不仅负责税收，还负责宫廷所需器物（洋货）的采买。

乾隆三十六年十一月初三日，库掌四德、五德来说太监胡世杰传旨：造办处会同宁寿宫工程处按新建宁寿、坤宁宫，尺寸照乾清宫坤宁宫现设大柜样式做法一样成做大柜，二层安顶柜二顶，三层安顶柜四顶，画样呈览，准时发往粤海关成做。钦此。

于十二月十九日内务府三奏准交来宁寿宫、坤宁宫大柜小纸样一张，弓箱纸样一张。传旨：着按小纸样尺寸另画大样呈览，准时交粤海关成做。钦此。

于三十七年二月初一日，库掌四德、五德将四大臣三和交来宁寿宫坤宁宫大大柜高八尺，面宽六尺，进深二尺五寸，顶柜高三尺七寸，面宽三尺，进深二尺五柜一对，顶柜四对小样，另画得准尺寸大柜纸样一张，顶柜纸样一张，弓箱纸样一张持进交太监胡世杰呈览，奉旨：俱准发往粤海关照样用紫檀木成做大柜一对，顶柜四对，弓箱一座，俱做铜镀金深錾阳纹什件随尔锁钥算贡里进。钦此。

宁寿宫内西四间均设南、北、西三面炕，因此大柜置于炕上，高大宽阔，其上雕刻云龙纹，气势恢宏，令人肃然起敬。

▲ 图 3-12　宁寿宫西墙紫檀大柜

乾隆帝有时会把新制的画珐琅器分别存放在乾清宫端凝殿和宁寿宫，如乾隆四十八年（1783）命人将粤海关送来的"珐琅瓶一对、珐琅铫一对、珐琅小圆盒一对"送到乾清宫，而一同送来的"珐琅盖罐一对、珐琅海棠盒一对、珐琅提梁壶一对"则交宁寿宫；有时还会取出康熙或雍正朝画珐琅器，命粤海关照样烧造数件并落款"乾隆年制"后，平均分配给宁寿宫和乾清宫端凝殿。由此可见，在宁寿宫存放画珐琅器，并不是普通的收储，而是同端凝殿一样在展示和纪念康雍乾三帝的荣耀。

乾隆五十九年（1794）十月初四日，乾隆帝在去雍和宫上香后颁布了一道训谕：

故雍和宫供奉三宝,不复敬安神御,参稽礼意,实为至当,更思宁寿宫,乃朕称太上皇后颐养之所。地在禁垣之左,日后必不应照雍和宫之改为佛宇。其后之净室佛楼,今即有之,亦不必废也。其宫殿永当依今之制,不可更改。若我大清亿万斯年,我子孙仰膺昊眷,亦能如朕之享国日久,寿届期颐,则宁寿宫仍作太上皇之居,祥衍无疆,更属尽美尽善吉祥盛事。本日朕因亲诣雍和宫拈香,景仰前徽,恩垂奕祀,用是特颁训谕。著缮录两通,一交上书房,一交内阁存记。悼我子孙知所宪章,勿得轻为改作,用垂法守。

乾隆帝担心日后的帝王会把他的精心设计改造破坏,于是颁布此道训谕,告诫后人永世不得更改。也许,他在想象一个场景,当"亿万斯年"后,他的子孙皇帝们看到颐和轩的御制诗,乐寿堂的大禹治水图玉山,来到宁寿宫打开紫檀大柜看到里面的画珐琅器,一定会赞叹康雍乾三帝的伟大功绩,表示无比崇敬。很有可能是基于这个想象,乾隆帝决定将秘密在法国定制的器物装入楠木匣中,放入宁寿宫紫檀大柜中。

意外的签名

Une signature insolite

在清宫旧藏两千余件金属胎画珐琅当中,"乾隆年制"款画珐琅菊花纹壶因其优美的造型,精湛的制作工艺,以及表面莹润的珐琅,无疑是最吸引人眼球的器物之一(图3-13)。

然而,作者却意外地发现它的壶底上竟然有西洋工匠"coteau"的签名。继而通过研究发现,它和另外九件"乾隆年制"款画珐琅器物居然是将样稿送到法国定制而成。那么,如何认定这十件器物为法国定制?为什么在法国定制的器物上落"乾隆年制"款识?作者将依科学检测结果、清宫档案,以及其他学者的研究成果找寻这些谜题的答案(图3-14)。

▲ 图 3-13 "乾隆年制"款画珐琅菊花纹壶（法国制作）

金胎，壶体呈扁方形，圆角，口、盖、足均为菊瓣式，嵌珐琅团菊纹方流、柄。壶身黄色珐琅釉地上彩绘折枝菊花纹，四面凸起椭圆形菊瓣式开光，内饰彩釉大团菊纹。壶底白釉，中心蓝色双圈内书"乾隆年制"双竖行楷书款。款识正上方紧靠足沿处有一细小红色痕迹，放大后即见是一个西洋工匠签名"coteau"。

第三章　丰碑永存 | 111

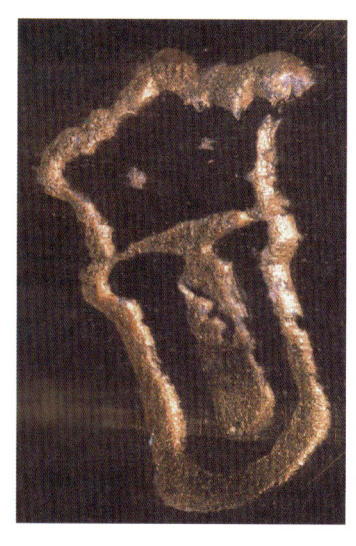

◀ 图3-16 "乾隆年制"款画珐琅菊花纹壶上法国巴黎地区金匠行会纯度标章

　　将金匠标章、征税标章、金属纯度标章以及壶底签名综合分析判断,"乾隆年制"款画珐琅菊花纹壶的庐山真面目终于得以显现。原来它是乾隆四十八年(1783)在法国巴黎地区由金银器工匠Jean Daniel Doerffer制作的金质胎体,并由珐琅画师Joseph Coteau烧制的表面珐琅。这个发现不仅明确了制作地点和制作时间,更加纠正了故宫博物院专家学者们以往的一个错误认知,即"乾隆年制"款画珐琅菊花纹壶为金胎而不是铜胎。这个问题在下文所列检测数据中得到了进一步验证。

　　据清宫造办处档案记载,乾隆四十年(1775)十一月十九日,乾隆帝命人将"康熙御制"款金胎西洋珐琅碗一件、铜胎西洋珐琅花篮一件、铜胎西洋珐琅钵盂一件、铜胎西洋珐琅方卣铫一件、"雍正年制"款铜胎西洋珐琅杯盘一件、铜胎画珐琅仿成窑花样盖罐一对、铜胎画珐琅包袱式盖罐一件、铜胎画珐琅壶一件,俱发往粤海关,各仿制一件,并要求"不要广珐琅,务要洋珐琅,亦要细致烧'乾隆年制'款"。两年后,"于四十二年十一月十三日,员外郎四德、五德将粤海关监督德魁送到珐琅器十件,随做样珐琅器十件,持进交太监如意呈进交乾清宫"。台湾大学艺术史研究所教授施静菲通过档案提供的各种线索，研究比对两岸故宫博物院的收藏，指认出档案中乾隆帝送往粤海关的康熙、雍正款珐琅器，详见表一。

参考号

1924年清逊帝溥仪离开紫禁城后，当时国民政府成立"清室善后委员会"，于当年十二月二十四日开始点查遗存物件，至1930年大致结束。在清查宫中文物时的登记方式是以每一座宫殿为单位，依照点查的先后顺序，使用《千字文》的每一个字为代码。比如最先点查的乾清宫，就用"天"字为代码。之所以采用《千字文》，是因为里面有一千个没有重复出现的汉字。中国早在距今八百多年前南宋绍兴年间御府中的书画收藏即采用《千字文》编号。1949年后，故宫博物院和台北故宫博物院分别重新编号，不再使用原有编号，故称以《千字文》所编老号为参考号。虽然不再使用，但通过参考号能够推断出文物在清宫的原本收藏地点，故依然具有学术研究价值。

表一　乾隆四十年十一月乾隆帝送往粤海关的康熙、雍正款画珐琅器

档案中名称	故宫博物院藏	台北故宫博物院藏
金胎 西洋珐琅碗 （"康熙御制"款）		康熙款 金胎黄地画珐琅花卉碗 文物号：故珐 269 参考号：列四二七 13
铜胎 西洋珐琅花篮 （"康熙御制"款）	康熙款 画珐琅牡丹纹海棠式花篮 文物号：故 116765 参考号：列三六〇 49E60/41	
铜胎 西洋珐琅钵盂 （"康熙御制"款）		康熙款 铜胎画珐琅蓝地开光钵盂 文物号：故珐 459 参考号：列三六〇 61
铜胎 西洋珐琅方卣銚 （"康熙御制"款）		康熙款 铜胎画珐琅黄地菊花方壶 文物号：故珐 1029 参考号：列三六〇 42
铜胎 西洋珐琅杯盘 （"雍正年制"款）		雍正款 铜胎画珐琅黄地九寿杯/盘 文物号：杯故珐 488 盘故珐 489 参考号：列四六九
铜胎 画珐琅仿成窑花样 盖罐一对 （"雍正年制"款）		雍正款 铜胎画珐琅白地花蝶纹盖罐 文物号：故珐 503 参考：列三六〇 62
铜胎 画珐琅壶 （"雍正年制"款）		铜胎画珐琅白地蓝花执壶 文物号：故珐 229 参考号：列四九六

第三章　丰碑永存

表一所示，施静菲认为台北故宫博物院藏"康熙铜胎画珐琅黄地菊花方壶"（文物号：故珐1029 参考号：列三六〇42，高9.6cm、口径6cm，外底有"康熙御制"双圆框白地蓝料楷书款）即是档案中的"'康熙御制'款铜胎西洋方卣铫"。其与"乾隆年制"款画珐琅菊花纹壶除款识外几乎一模一样，可见后者即是以它为原型制作而成。但是，前文已证"乾隆年制"款画珐琅菊花纹壶实乃乾隆四十八年（1783）制成，并不是档案中所记乾隆四十二年（1777）送至宫中的器物（图3-17）。

▲ 图3-17 康熙铜胎画珐琅黄地菊花方壶（故珐1029）及款识·台北故宫博物院藏

另据：

> 乾隆四十三年 行文 五月二十六日 传旨：粤海官办赏用珐琅瓶罐盘碗，嗣后不必办做，俟传时再做，如有已得者随贡进来，不许再做。其特传做珐琅器皿仍照样成做，陆续送来。

"传做活计"特指皇帝下旨专门定制的器物，此行文中的"特传做珐琅器皿"则应是指前述乾隆四十年（1775）十一月乾隆帝下旨仿制康熙、雍正款画珐琅的器物。

如今在两岸故宫博物院的画珐琅藏品中，有若干件造型、大小、纹饰完全相同的乾隆款画珐琅器，它们即是当年粤海关根据乾隆帝谕旨"照样成做，陆续送来"之物。在乾隆四十九年（1784）十一月的清宫档案当中，即可看到粤海关进贡的器物名称、件数皆可和乾隆四十年（1775）十一月传做珐琅器（康熙、雍正款画珐琅器）一一对应的记录。再结合法国制乾隆款画珐琅菊花纹壶的制作年份，可推断此壶应是在这次的进贡中被送入宫廷。

前文已述，粤海关按照乾隆帝的旨意多次仿制康熙、雍正款画珐琅器，因此在两岸故宫博物院的收藏当中，有诸多一模一样的乾隆款画珐琅器物。以"乾隆年制"款画珐琅菊花纹壶为例，故宫博物院有包括法国制作的壶共四个，台北故宫博物院有一个。为找寻是否还有法国制作的器物，以及法国制与国产画珐琅器（粤海关地处广州，因此更准确地说应该是"广珐琅"）的异同，故宫博物院收藏的这四个乾隆款画珐琅菊花纹壶被送入故宫文物保护标准化研究所进行相关检测。

为表述方便，特将此四壶分别标注为壶A、B、C、D，壶A为故116545法国造"乾隆年制"款画珐琅菊花纹壶，壶B为故116528"乾隆年制"款画珐琅菊花纹壶，壶

C为故116546"乾隆年制"款画珐琅菊花纹壶，壶D为故116527"乾隆年制"款画珐琅菊花纹壶（图3-18）。

▲ 图3-18 作为检测对象的四个"乾隆年制"款画珐琅菊花纹壶·故宫博物院藏

经检测，四个壶中金属的XRF（X-Ray Fluorescence，X射线荧光光谱的简称）分析结果如表二所示。从元素分析的结果来看，壶A与其他壶有明显的不同。壶A的金属部分平均含铜（Cu）4.4%，锌（Zn）0.2%，银（Ag）3.1%，金（Au）91.1%，故可认为是金胎。这和上文提到法国金匠行业协会标准相符，因为协会规定含金量必须要达到90%及以上，才可以认定为是金胎。另外三个壶的平均金属元素含量分别是：壶B含铜（Cu）37.3%,锌（Zn）1.4%,金（Au）52.4%,汞（Hg）8.8%；

壶 C 含铜（Cu）43.8%，锌（Zn）1.4%，金（Au）47%，汞（Hg）7.6%；壶 D 含铜（Cu）42.5%，锌（Zn）1.5%，金（Au）49%，汞（Hg）6.9%。因此，可以认定壶 B、C、D 的胎体金属是含少量锌的红铜，检测到汞元素说明表面的金是镀金。

表二　四个画珐琅壶的金属胎体部分元素测量结果

	A（G116545）/%				B（G116528）/%				C（G116546）/%				D（G116527）/%			
	Cu	Zn	Ag	Au	Cu	Zn	Au	Hg	Cu	Zn	Au	Hg	Cu	Zn	Au	Hg
盖口	3.1	0.0	3.3	93.6	29.7	2.4	58.3	9.6	51.3	0.5	42.6	5.7	48.4	2.9	44.3	4.4
壶身	4.0	0.0	3.4	92.6	24.9	0.8	63.3	11	11.2	0.6	74.9	13.3	34.9	0.9	56.0	8.3
开光	3.3	0.0	4.7	92.1	40.9	2.2	48.5	8.3	59.8	2.5	32.6	5.2	37.9	2.2	51.9	8
壶底	7.4	1.1	5.4	86.1	53.7	0.2	39.6	6.5	53.2	2.3	38.2	6.3	48.9	0	44.1	7
平均值	4.4	0.2	3.1	91.1	37.3	1.4	52.4	8.8	43.8	1.4	47	7.6	42.5	1.5	49	6.9

从元素分析结果（表三）来看，四个壶的基底釉料都可以算作是铅 - 钾釉，但是壶 A 基底釉中的钾（K）元素含量又与另外三个壶存在明显区别。壶 A 中钾（K）元素含量平均值是 2.7%，而壶 B 中钾（K）元素含量平均值是 10.5%，壶 C 是 7.6%，壶 D 是 10.4%，可以看出壶 A 中的钾（K）元素含量明显低于壶 B、C、D。中国画珐琅（包括珐琅彩与粉彩）的基底釉为铅 - 钾釉，同样，作为明清时期世界画珐琅生产中心的法国 Limoges 地区的画珐琅基底釉也是铅 - 钾釉，但不同时期的 Limoges 画珐琅中钾（K）元素含量并不相同，壶 A 的检测结果比较符合 16—18 世纪 Limoges 画珐琅中的钾（K）含量区间。

表三　四个画珐琅壶釉料玻璃相元素总结

	A (G116545) / %	B (G116528) / %	C (G116546) / %	D (G116527) / %
Si	61.5	51.7	52.1	47.7
K	2.7	10.5	7.6	10.4
Pb	20.2	33.1	35.8	37.1
Ca	7.4	0.6	0.9	0.6

通过拉曼光谱分析（表四）可以看出四个壶在呈色剂上的差别，更准确地说是壶 A 和壶 B、C、D 的差别，其中白色的呈色机制不同最能说明问题。壶 A 的白色是锡白，即依靠二氧化锡（SnO_2）晶体在玻璃中产生的乳浊效应得到的白色，壶 B、C、D 的白色是砷白，即依靠砷酸铅（$PbHAsO_4$）晶体的乳浊效应得到的白色，两种白色存在明显的区别。当时，中国和西洋在画珐琅工艺上，对于这两种白色颜料的使用也存在明显的使用偏好。中国掐丝珐琅工艺自明末清初起就开始使用砷白（白信石）来呈现白色，从目前的研究来看，中国本土工匠制作的画珐琅器物上使用的白色也都是砷白；锡白则是西洋画珐琅中最常见的白色颜料。相关文献显示，Limoges 地区直到 18 世纪才开始在画珐琅中使用砷白作为白色的呈色剂，虽然在使用时间上与中国清代康熙、乾隆朝存在重叠，但根据目前已经发表的研究成果来看，使用砷白或者锡白还是可以作为区分中西画珐琅料的重要标志。

此外，壶 B、C、D 在呈色剂上的差异也较明显（如表四中壶 C 与壶 B、D 在紫色、浅绿色、浅蓝色上的区别），说明各自的配方并不相同，亦可从侧面证明它们并不是在同一时间烧造，而是与档案上的记载相符，即按照乾隆帝的旨意陆续烧造而得。

表四　四个画珐琅壶颜色呈色晶体及元素总结

	壶 A（G116545）	壶 B（G116528）	壶 C（G116546）	壶 D（G116527）
白色	锡白（二氧化锡） Sn 含量：18.02%	砷白（砷酸铅） As 含量：4.9%	砷白（砷酸铅） As 含量：3.4%	砷白（砷酸铅） As 含量：5.4%
黄色	铅锡锑黄 Sn 含量：20.18% Sb 含量：0.48%	铅锡黄Ⅱ型 Sn 含量：1.6%	铅锡黄Ⅱ型 Sn 含量：1.2%	铅锡黄Ⅱ型 Sn 含量：1.4%
蓝色	钴离子着色 Co 含量：2.11%	钴离子着色（富 As+Fe） Co 含量：1.0%	钴离子着色（富 As+Fe） Co 含量：0.6%	钴离子着色（富 As+Fe） Co 含量：1.1%
紫色	金红 Au 含量：0.25%	钴/铁离子着色 Co 含量：0.2% Fe 含量：0.3%	锰/钴/铁离子着色 Mn 含量：3.1% Co 含量：0.3% Fe 含量：0.7%	钴/铁离子着色 Co 含量：0.3% Fe 含量：0.4%
深绿色	器物没有该颜色	铜离子着色 Cu 含量：3.2%	铜离子着色 Cu 含量：3.7%	铜离子着色 Cu 含量：4.0%
浅绿色	铜离子着色 + 铅锡锑黄 Cu 含量：2.42% Sn 含量：17.98% Sb 含量：0.09%	铜离子着色 + 铅锡黄Ⅱ型 Cu 含量：1.4% Sn 含量：0.7%	铜离子着色 + 铅锡锑黄 Cu 含量：2.3% Sn 含量：0.5% Sb 含量：0.07%	铜离子着色 + 铅锡黄 Cu 含量：1.8% Sn 含量：0.8%
粉红色	金红 Au 含量：0.08%	金红 Au 含量未检出	金红 Au 含量未检出	金红 Au 含量未检出
黑色勾线	金红 + 铁 Au 含量：1.53% Fe 含量：1.32%	铁/锰/铜离子 Fe 含量：1.6% Mn 含量：0.1% Cu 含量：0.5%	铁/锰/铜离子 Fe 含量：0.7% Mn 含量：0.1% Cu 含量：0.2%	未检测到
红色勾线	器物没有该颜色	氧化铁	氧化铁	氧化铁
浅蓝色	器物没有该颜色	铜离子着色 Cu 含量：1.7%	器物没有该颜色	铜离子着色 Cu 含量：1.6%

为全面了解每个画珐琅壶的结构，研究所分别对其进行了 X-CT 检测，主要区别仍然在壶 A 与另外三个壶之间。主要有两点，一是从 X 光照片上可以清楚地看到，壶 A 的柄是用螺钉固定在预先设计好的壶体突出部分上（图 3-19），而另外三个壶的柄则是直接焊接在壶身上。部件之间采用插接或螺钉固定的方式进行连接，这种处理方式比直接焊死的做法更加耐用。二是不同点在壶盖上，壶 A 盖顶部留有外露的金属部分作为装饰，并通过一个延伸下来的金属条与整个壶盖连接固定，另外三个壶的盖则都是整体铸造成型（图 3-20、图 3-21、图 3-22）。

▲ 图 3-19　壶 A（故 116545）CT 成像显示柄为螺钉固定在壶体突出部分

▲ 图 3-20　壶 D（故 116527）CT 成像显示柄直接焊在壶体上，壶 B 与壶 C 处理方式与此相同

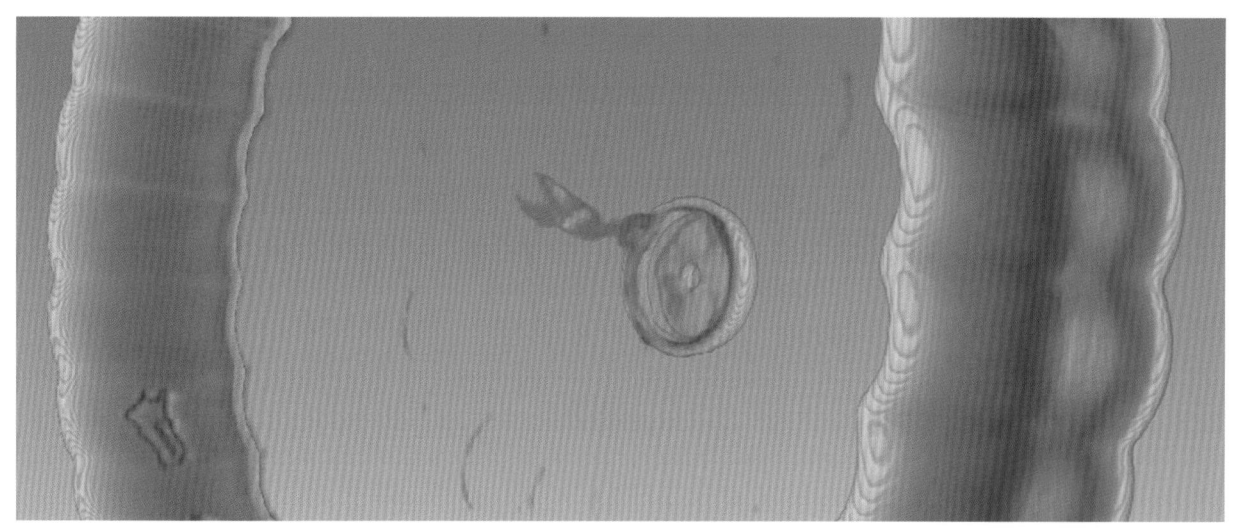

▲ 图 3-21　壶 A（故 116545）盖 CT 成像显示顶部留有外露的金属部分作为装饰，并通过一个延伸下来的金属条与整个壶盖连接固定

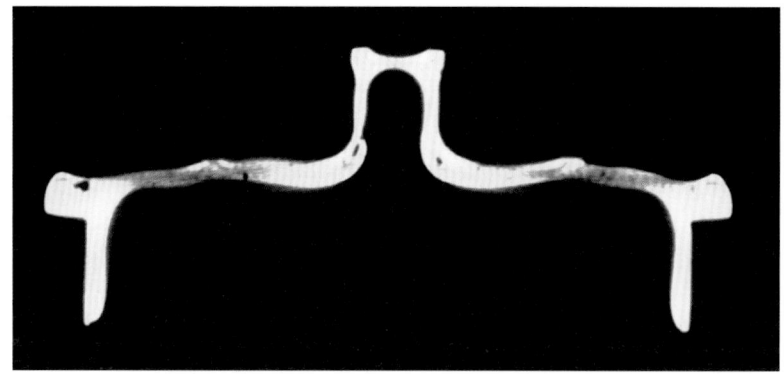

▲ 图 3-22　壶 C（故 116546）盖 CT 成像显示为整体铸造而成，壶 B 和壶 D 与其处理方式相同

　　虽然大小、样式、纹饰完全相同，但仔细观察比对这四个"乾隆年制"款画珐琅菊花纹壶，还是可以看出其间的差异。如壶 A 除有"coteau"的签名外，流和柄皆露金胎未施珐琅釉，其上的团菊纹皆是在凸起的圆形内填珐琅而成，极具立体感。而壶 B、C、

D 的流、柄则皆是在黄色珐琅釉地上直接描绘团菊纹，完全平面化。另外，壶 A 的款识相较另外三个壶的款识显得极不工整且字体大小各异，似是不识汉字之人仿写而成。还有，壶 A 的釉色明显光鲜莹润，尤其是开光内的大团菊纹釉质纯正，有玻璃质感，纹饰亦显得更加精细。从图片上观察，台北故宫博物院收藏的"乾隆年制"款画珐琅菊花纹壶与壶 B、C、D 趋同，款识虽然周正，但釉质等细节与壶 A 相差甚多。

通过检测和比对，可以认定：只有壶 A 是法国制作，壶 B、C、D 以及台北故宫博物院所藏的"乾隆年制"款画珐琅菊花纹壶均为国产，更准确地说是"广珐琅"。这个认定，为研究当时法国与中国在画珐琅制作工艺上的差异提供了宝贵的参考资料，更为进一步在清宫旧藏中找到法国制乾隆款画珐琅器物总结出可靠的标准。

以检测比对"乾隆年制"款画珐琅菊花纹壶得到的标准为依据，再结合档案相关记载可以推断，法国制乾隆款画珐琅器物应具有如下特征：一是共同缘起自乾隆四十年（1775）十一月乾隆帝下旨粤海关仿制康熙、雍正朝画珐琅器之事，即它们既有与自身纹饰、器形、大小完全相同的"康熙御制"或"雍正年制"款识器物，又有若干件与自身完全相同的"乾隆年制"款识器物；二是胎体含金量极高，可以认定为金胎，而非铜胎；三是器身上的白色使用锡白为呈色剂；四是其"乾隆年制"款识缺笔漏画或是笔顺错乱，且字体大小各异不甚工整，与器物的精美程度极不相称；五是虽有同样的器物，但自身釉质干净、鲜亮，金属加工等细节皆远超同类。

依据上述推断的五个特点，在两岸故宫博物院的收藏中，可筛查指认出在法国制作的画珐琅器物，与乾隆四十年（1775）十一月乾隆帝送到粤海关的康熙、雍正款识器物能够一一对应（图 3-23、图 3-24），详见表五。

表五　乾隆四十年（1775）十一月乾隆帝送到粤海关的康熙、雍正款画珐琅器及法国依此仿制的画珐琅器

档案中名称	康熙、雍正款画珐琅器		法国仿制画珐琅器	
	故宫博物院藏	台北故宫博物院藏	故宫博物院藏	台北故宫博物院藏
金胎西洋珐琅碗 （"康熙御制"款）		康熙金胎黄地画珐琅花卉碗 文物号：故珐 269 参考号：列四二七 13		康熙金胎内填珐琅花卉碗 文物号：故珐 270 参考号：列四二七 17
铜胎西洋珐琅花篮 （"康熙御制"款）	康熙款画珐琅牡丹纹海棠式花篮 文物号：故 116765 参考号：列三六〇 49E60/41		"乾隆年制"款画珐琅牡丹纹海棠式花篮 文物号：故 116773 参考号：吕四七五 19E/51 返	
铜胎西洋珐琅钵盂 （"康熙御制"款）		康熙铜胎画珐琅蓝地开光钵盂 文物号：故珐 459 参考号：列三六〇 61		乾隆铜胎画珐琅蓝地开光钵盂 文物号：故珐 327 参考号：吕四七五 72
铜胎西洋珐琅方卣铫 （"康熙御制"款）		康熙铜胎画珐琅黄地菊花方壶 文物号：故珐 1029 参考号：列三六〇 42	"乾隆年制"款画珐琅菊花纹壶 文物号：故 116545 参考号：吕四七五 57E/51	
铜胎西洋珐琅杯盘 （"雍正年制"款）		雍正款铜胎画珐琅黄地九寿杯盘 文物号：杯故珐 488 盘故珐 489 参考号：列四六九		乾隆铜胎画珐琅杯盘 文物号：杯故珐 583 盘故珐 584 参考号：吕四七五 72
铜胎画珐琅仿成窑花样盖罐一对 （"雍正年制"款）		雍正铜胎画珐琅白地花蝶纹盖罐 文物号：故珐 503 参考号：列三六〇 62		乾隆铜胎画珐琅花蝶圆盖罐一对 文物号：故珐 660 故珐 661 参考号：吕四七五 54
铜胎画珐琅壶 （"雍正年制"款）		铜胎画珐琅白地蓝花执壶 文物号：故珐 229 参考号：列四九六	"乾隆年制"款画珐琅白地蓝花卤壶 文物号：故 116597 参考号：吕四七五 53E2/51 返	

如表五所示，故宫博物院藏"乾隆年制"款画珐琅白地蓝花卤壶和"乾隆年制"款画珐琅牡丹纹海棠式花篮在经初步判断为法国制作后，亦被送至故宫博物院文物保护标准化研究所进行检测（图3-25）。

▲ 图3-23 雍正铜胎画珐琅白地花蝶纹盖罐（故珐503）及款识·台北故宫博物院藏

▲ 图3-24 乾隆铜胎画珐琅花蝶圆盖罐（故珐660）及款识·台北故宫博物院藏

▲ 图 3-25 "乾隆年制"款画珐琅白地蓝花卤壶及款识 ·故宫博物院藏
乾隆四十二年至四十八年（1777—1783）

　　金胎。壶通体以白色珐琅釉为地，盖与壶身通绘宝蓝色缠枝莲花纹和如意云头纹，口边和近足处饰如意云头纹。盖上有一压柄，轻轻按下，壶盖随之开启。壶外底内白釉，书蓝色"乾隆年制"双竖行楷书款。

"乾隆年制"款画珐琅白地蓝花卤壶的原型应是台北故宫博物院所藏雍正铜胎画珐琅白地蓝花执壶（文物号：故珐229 参考号：列四九六），即档案中乾隆帝要求粤海关仿制的"雍正年制"款铜胎画珐琅壶。故宫博物院收藏的"乾隆年制"款画珐琅白地

▼ 图 3-26　雍正铜胎画珐琅白地蓝花执壶（故珐 229）及款识·台北故宫博物院藏

蓝花卤壶只此一件，其余在台北故宫博物院收藏（图3-26、图3-27）。

◀▼ 图3-27 乾隆铜胎画珐琅白地蓝花执壶（故珐3）、保护木箱及款识·台北故宫博物院藏

第三章　丰碑永存

壶上并未发现工匠签名，亦没有戳印痕迹。但其款识歪斜，繁体"製"字缺笔，不似出自中国工匠手笔。从 XRF 分析结果（表六）即可看出，此壶金属部分平均含金（Au）95.25%，铜（Cu）2.71%，银（Ag）1.86%，故可认为是金胎。在拉曼光谱分析中，可以看出卤壶上的白色呈色剂是锡白（图3-28）。

表六　乾隆款画珐琅白地蓝花卤壶（故116597）胎体元素测量数据

	Cu / %	Zn / %	Ag / %	Au / %	Hg / %
G116597-嘴	2.26	0.03	2.43	95.25	0.02
G116597-沿	4.18	0.05	2.71	93.03	0.04
G116597-丝	0.44	0.08	0.10	98.96	0.42
G116597-顶	3.97	0.04	2.20	93.77	0.02
平均值	2.71	0.05	1.86	92.25	0.125

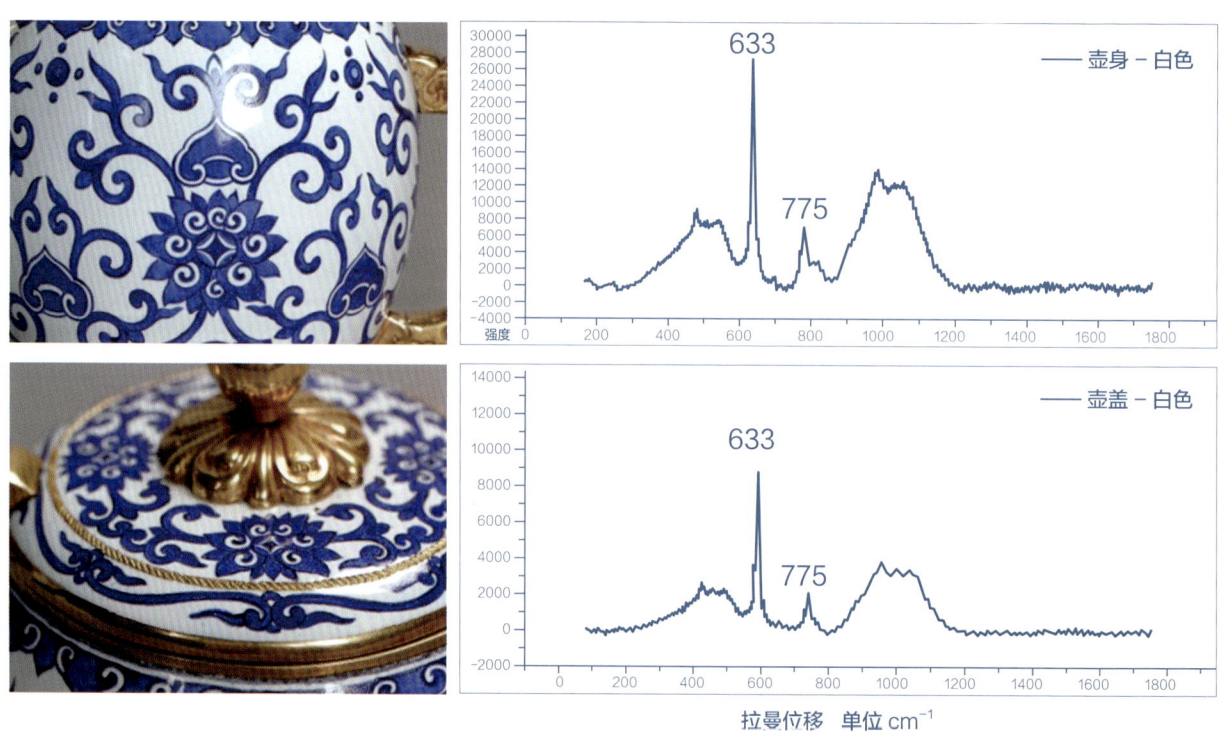

▲ 图3-28　乾隆款画珐琅白地蓝花卤壶（故116597）拉曼光谱分析数据

以上检测结果皆与推断的法国仿制画珐琅器物特征相符，故可认定"乾隆年制"款画珐琅白地蓝花卤壶亦为法国所造。

"乾隆年制"款画珐琅牡丹纹海棠式花篮（图3-29）的原型应是故宫博物院所藏"康熙御制"款画珐琅牡丹纹海棠式花篮（文物号：故116765　参考号：列三六〇　49E60/41），即档案中乾隆帝要求粤海关仿制的"康熙御制"款铜胎西洋珐琅花篮（图

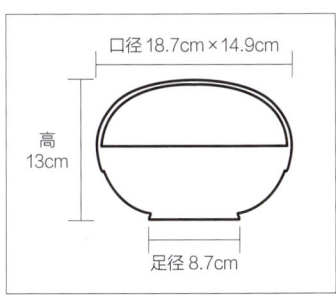

▲ 图3-29　"乾隆年制"款画珐琅牡丹纹海棠式花篮及款识·故宫博物院藏
乾隆四十二年至四十八年（1777—1783）

花篮为海棠花式，上有提梁，圈足。通体施黄色珐琅釉，器身绘盛开的红色牡丹花，间饰紫色、蓝色小花四朵。提梁上绘花卉纹。篮内施天蓝色釉。外底白釉，中心书红色"乾隆年制"双竖行楷书款。

3-30）。花篮上亦未发现工匠签名和戳印痕迹。观其款识笔顺错乱，尤其是"乾"字中间的"日"内缺少一横，这在当时极有可能被指控为是对皇帝的冒犯，这是中国工匠以及负责验收活计的官员不太可能犯的错误，故此推测是法国工匠不识汉字没有写好所致。经 XRF 检测（表七），花篮胎体表面含金（Au）量达 93.38%。但是，并不是全部胎体为金胎，而是采取包一层金皮的方式来处理，如在花篮提梁两端露胎部位，里边一层可检测出是铜胎，而外边一层是金胎。

▼ 图 3-30 "康熙御制"款画珐琅牡丹纹海棠式花篮·故宫博物院藏（故 116765）

表七 "乾隆年制"款画珐琅牡丹纹海棠式花篮（故116773）胎体元素测量结果

	Cu / %	Zn / %	Ag / %	Au / %	Hg / %
G116773-表面	5.07	0.07	1.46	93.38	0.02
G116773-内里	95.62	0.39	1.56	2.14	0.29

以上拉曼光谱检测显示，除花篮外底部白色为砷白外，器身上白色均采用锡白作为呈色剂（图3-31）。目前尚未找到外底白色为砷白的原因，不排除外底白釉和款识为回国后烧制的可能性。但是果真如此的话，却又无法解释款识上的"缺陷"，对此问题尚须进一步深入探究。

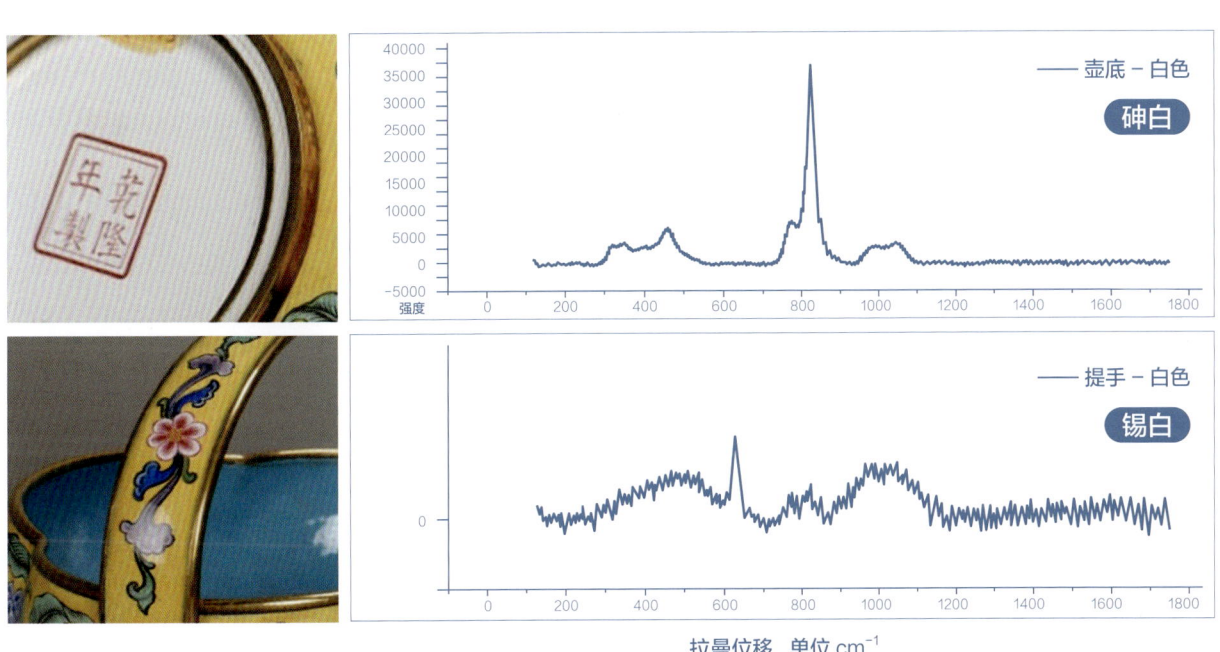

▲ 图3-31 "乾隆年制"款画珐琅牡丹纹海棠式花篮（故116773）拉曼光谱分析数据

以上检测结果皆与推断的法国仿制画珐琅器物特征相符，故可认定"乾隆年制"款画珐琅牡丹纹海棠式花篮（故116773）亦为法国所制。

台北故宫博物院学者王竹平发现院内所藏"康熙御制"款金胎内填珐琅花卉碗（故珐270）的碗心上也有法国巴黎征税标章和符合乾隆四十二年（1777）巴黎金匠行会的金属纯度标章戳记，并通过检测，其胎体是金胎，珐琅釉料、工艺技法也与当时法国本土珐琅器物上所用相符，亦可认定其是法国制作无疑。但是，其款识却是端正的"康熙御制"而非"乾隆年制"，并且碗外底白色呈色剂为砷白，似是在中国烧制碗底白色珐琅釉后由中国工匠书写的款识（图3-32、图3-33）。

▲ 图3-32 康熙金胎内填珐琅花卉碗（故珐270）及款识·台北故宫博物院藏

134 | 荣耀时代：皇家珐琅的尘封往事

▲ 图 3-33 康熙金胎内填珐琅花卉碗（故珐 270）内法国巴黎征税标章和符合乾隆四十二年（1777）巴黎金匠行会的金属纯度标章戳记

在两岸故宫博物院的收藏当中，只有"乾隆年制"画珐琅菊花纹壶（故 116545）、"乾隆年制"款画珐琅白地蓝花卤壶（故 116597）、"乾隆年制"款画珐琅牡丹纹海棠式花篮（故 116773），还有一件"康熙御制"款金胎内填珐琅花卉碗（故珐 270），经科学检测后被认定是法国所制。其他器物只是根据款识、纹饰、档案、文物号等特征推测而得，尚待进一步检测确认。

档案显示乾隆帝在乾隆四十年（1775）十一月下旨粤海关仿制康熙、雍正款识画珐琅器，两年后粤海关才将"原版"器物连同"乾隆年制"款仿品一同送回。当时，如果在广州本地制作画珐琅器的话，同样的工作量且算上来回路程的时间，用时大概是五个月。作者曾据此认为，乾隆四十二年（1777）粤海关送到宫廷的仿制器物即是法国所制，但菊花纹壶上乾隆四十八年（1783）的戳记证明这个推断显然有误。

那么，在广州制作的活计本应五个月即可完成，却为何用时达两年？目前初步推测是粤海关在接到乾隆帝旨令后，很快将画样送到法国制作，但其间可能在制作或对图样的理解上产生问题，双方相隔万里沟通不畅，导致成品无法按时完成，粤海关只得先在本地制作并交上以应付差事。

台北故宫博物院所藏"康熙御制"款金胎内填珐琅花卉碗上的戳记显示，其是在乾隆四十二年（1777）制作完成。而故宫博物院藏"乾隆年制"款画珐琅菊花纹壶上的戳记却显示制作时间是乾隆四十八年（1783）。

何故如此？目前对此也是没有定论，可以暂作参考的是，乾隆四十年（1775）美国独立战争爆发后，法国国王路易十六借机下令参加战争，于是，英国开始在海上拦截法国的货船，导致前往中国贸易的法国商船受到影响。从英国东印度公司所记载各国商船历年来华贸易的情况来看，乾隆四十四年（1779）至乾隆四十七年（1782）未见法国商船来到广州。可能是因此，再加上前述粤海关和法国工匠相隔万里沟通不畅，最终导致同一批器物制作时间却相差六年。

清宫档案明确记载，乾隆帝送到粤海关的康熙、雍正款画珐琅器中，只有"康熙御制"款金胎西洋珐琅碗为金胎，其余皆是铜胎。依据这批器物在广州制作的仿品，除仿康熙款金胎珐琅碗的乾隆款金胎珐琅碗以外，其余也皆是铜胎。但是，从故宫博物院收藏的三件法国制乾隆款画珐琅器物皆为金胎来看，台北故宫博物院所藏法国制乾隆款画珐琅器很有可能亦全部是金胎。

缘何如此？以目前掌握的资料尚无法准确推断，粤海关肯定是严格遵照乾隆帝的旨意办事，法国人也不太可能主动把铜胎改为金胎，因此，可能是在信息表述或传达渠道上产生了误会，从而导致法国制乾隆款画珐琅器物皆为金胎。

清宫档案没有明确记载，乾隆四十年（1775）十一月乾隆帝下旨粤海关仿制康熙、雍正款识器物后，粤海关是否将这些器物即"做样珐琅器"送至法国。但从多方面可以断定，粤海关应是将器物的画样委托法国商人带去法国,"做样珐琅器"则始终在广州直到被送回宫廷。

首先,档案记载"做样珐琅器"是在乾隆四十二年(1777)十一月被送回宫廷,前后历时达两年之久,虽然时间上足以往返法国,但路途遥远凶多吉少,粤海关的官员不可能冒此风险将"做样珐琅器"送到万里之遥的法国。其次,从器物与实物的差异亦可看出,法国工匠是按照图样制作的器物,并未见到实物。

前文已述,在比对乾隆款画珐琅菊花纹壶时即可发现,法国制菊花纹壶的柄和流是露金胎未施珐琅釉,而在广州制作的菊花纹壶和原版("康熙御制"款画珐琅黄地菊花方壶)相同,皆是在黄色珐琅釉地上绘团菊纹。同样,故宫博物院藏法国制乾隆款画珐琅白地蓝花卤壶盖面上有一圈缠丝金线作装饰,且盖为平面无折沿,而台北故宫博物院所藏广州仿制的乾隆款画珐琅白地蓝花卤壶和原版("雍正年制"款画珐琅白地蓝花执壶)的盖上并无金线装饰,且皆有折沿。但是,通过比对缠丝金线位置以及盖面图案的对应关系,即可推断出更有可能的原因是广州工匠在给器物画样时,没有清楚地呈现出原版雍正款执壶的盖有向下折沿,或者说法国工匠并没有看明白图样中的器型特点,从而导致法国制器物与原版以及国产仿品产生差异。

法国制作的画珐琅器物如果一直在宁寿宫保存的话,在溥仪离开紫禁城后,"清室善后委员会"以《千字文》为序,对各个宫殿内物品进行编号(因后来又重新编号,故将此号称为"参考号")清点,宁寿宫内所藏物品的参考号开头应为"號"(号)字。但是,除台北故宫博物院藏康熙金胎内填珐琅花卉碗的参考号是"列四二七 17"外,其余皆为"吕四七五"并带有阿拉伯数字的分号,如"乾隆年制"款画珐琅菊花纹壶(故116545)参考号是"吕四七五 57E/51","乾隆年制"款画珐琅白地蓝花卤壶(故116597)参考号是"吕四七五 53E2/51 返","乾隆年制"

款画珐琅牡丹纹海棠式花篮（故116773）参考号是"吕四七五19E/51返"。"吕"字乃养心殿内物件参考号字头，也即是说这些器物在清点时，除康熙金胎内填珐琅花卉碗在乾清宫端凝殿外，其余并不在宁寿宫，而在养心殿。

可是，检索《故宫物品点查报告》即可发现，所谓"吕四七五"是"花缎袱5块"，且无阿拉伯数字分号，文物和参考号又出现了矛盾。实际上，梳理清宫陈设档即可发现，在乾隆朝造办处档案中提到的收藏画珐琅器的大柜，在陈设档中被记载为"雕紫檀三层大顶柜一对"，一直到光绪朝都在宁寿宫内，里面存放铜胎画珐琅器达213件。但是，当"清室善后委员会"点交宁寿宫物品时，却未见记载这批铜胎画珐琅器的记录。

与此同时，在养心殿体顺堂的点查报告中，却出现了陈设档里未曾记载过的两个木箱，里面共登记有铜胎画珐琅器209件。木箱里的画珐琅器件数和曾在宁寿宫紫檀大顶柜内的件数相差不多，名称也几乎可以一一对应。《清宫述闻》中有宁寿宫曾于光绪十七年（1891）重修的记载，据此得以解释，法国制画珐琅器物的参考号字头为何不是"號"（号）字，而是"吕"字。通过梳理体顺堂木箱和宁寿宫紫檀大顶柜内器物名称的对应关系，可以明确法国制画珐琅器物最初的参考号（总号）应为"吕三三三二"。1931年"九一八事变"之后，为躲避日寇侵扰，故宫博物院将部分文物装箱南迁，其间对文物进行重新登记造册。法国制画珐琅器物即在这批南迁文物之中，很有可能就是在重新登记过程中发生了误记，导致参考号（总号）由原来的"吕三三三二"变成了现在的"吕四七五"。

台北故宫博物院收藏有一组28件的金胎内填透明珐琅作品，包括1件法国制"康熙御制"款金胎珐琅碗和27件"乾隆年制"款的金胎珐琅五供、碗、盖碗、钟和提篮。台北故宫博物院学者王竹平通过对釉料、纹饰、金属加工等特点综合分析后，认为这些器物上的工艺同属于法国的浮雕珐琅工艺，并且"浮雕珐琅技术在康熙时期尚未自西洋传入，很可能是迟至乾隆朝，才借由这件法国制造的康熙款浮雕珐琅金碗在清宫获得认识，并随之应用与开发出同样花色的 27 件乾隆款金胎浮雕珐琅系列作品，特立于其他清宫内填珐琅器"。

故宫博物院学者郭福祥则从其中一对"乾隆年制"款金胎浮雕珐琅提篮的原装木盒上刻有"乾隆年制金胎广珐琅花篮一对"认为："可以很明确地知道当时宫廷认定此类金胎浮雕内填透明珐琅为广东制作，是广珐琅的一个类别。据此我们可以将技法和风格与此一致的台北故宫博物院藏 27 件乾隆款金胎浮雕透明珐琅作品全部认定为由粤海关制作的广东透明珐琅。"

之后，郭福祥又通过对全部存世的广东透明珐琅器的考察以及现有资料，综合推断透明珐琅工艺"引进的契机源于乾隆皇帝通过粤海关依样向西洋定制画珐琅器过程中，法国工匠偶然地偏离顾客要求，将原本应该是画珐琅的金胎碗做成了内填透明珐琅，由此引发了乾隆皇帝命粤海关仿烧的系列制作，开启了广东透明珐琅从乾隆四十二年（1777）到晚清一百余年的发展史"。

综合以上两位学者的论断可知，可能是对画样的误解，抑或是其他原因，法国人并没有按照传统的画珐琅工艺去仿制金胎珐琅碗，而是采用了本国特有的浮雕珐琅工艺也即国内研究学者称为的内填透明珐琅工艺，而这种工艺却得到了乾隆皇帝的认可和欣赏，并下旨令粤海关继续仿制。正是借此机会，透明珐琅工艺得以传至中国。

广东制作的铜胎透明珐琅在颜色上主要使用蓝色和绿色。通行的做法是先在铜胎表面手工錾刻呈带状分布的水波纹，直接在其上铺填蓝色或绿色的透明珐琅釉烧制，成为可以清晰显现底胎錾刻纹饰的透明釉面。然后再在单色透明珐琅上面粘贴金银片，根据纹饰需要，在局部的金银片上点缀不同颜色透明珐琅釉，再次烧制。最后再通体罩烧一层薄珐琅釉。这种透明珐琅胎地纹饰錾刻深浅不一，使得透明釉料薄厚不同，随着观看角度或光线变化，珐琅表面会产生一种或深或浅或明或暗的绚丽效果（图3-34、图3-35）。

▲ 图 3-34　透明珐琅八吉祥袱系纹瓶·故宫博物院藏

铜胎，撇口，短颈，圈足。通体饰缠枝番莲形银片，并罩蓝色透明珐琅釉。釉面装饰绿色锦地袱系纹，瓶肩及腹下部饰描金八吉祥纹，口沿下及近足处饰描金花叶纹。

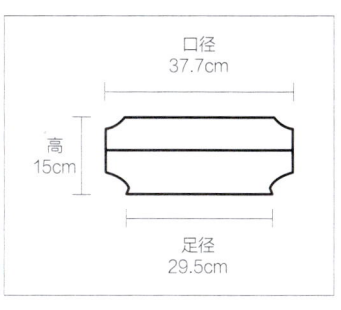

▲ 图 3-35　透明珐琅蓝地金花攒盒

铜胎，圆形，盖凸起，圈足。通体以银片饰缠枝花卉纹，罩宝蓝色透明珐琅。盖面中心金色西番莲纹，四周缠枝花纹，外围一周八吉祥纹，凸起边沿如意云头纹，凸起下一周西番莲纹，上下莨苕纹各一周。盖壁与器壁上各饰一周八吉祥纹，以西番莲纹为间隔。

法国制作的器物是在乾隆四十九年（1784）被送入宫廷，根据档案记载，乾隆帝即命人将其装入楠木匣后交宁寿宫存放。那么，乾隆帝为什么要让法国人仿制前朝器物并落本朝款识呢？为什么不存放在乾清宫，却要存放在宁寿宫呢？乾隆帝没有对他的这一行为留下任何解释，我们只能通过各种线索推测他的真实意图。作者曾经认为，法国制作乾隆款画珐琅器之事很可能是出于误会。

首先，虽然乾隆帝特别强调"不要广珐琅，务要洋珐琅"，但是"洋珐琅"在清宫档案中通常指代制造技术来自西洋的画珐琅器，或是利用西洋进口珐琅釉料烧制的画珐琅器，没有指代前往西洋制作的其他例证。

其次，在乾隆四十年（1775）八月十三日乾隆帝曾因两把嵌假金刚石珐琅靶铁炕老鹳翎鞘小刀质量不好，传旨造办处"小刀上珐琅片并镶嵌做得不结实，此系广东成做，不是洋里做的活计。将小刀交德魁处收拾妥协送来。再传于德魁，嗣后所有传做活计俱要洋里成的"。德魁时任粤海关监督，三个月后他即接到仿制康熙、雍正朝画珐琅器的命令，既然皇帝刚刚要求"嗣后所有传做活计俱要洋里成的"，于是遵旨照办把器物画样后送到法国制作。器物制作完成后送到宫廷，乾隆帝可能没有仔细审看即送入宁寿宫存放。因此，乾隆帝可能并不知晓这批仿康熙、雍正朝的画珐琅器是法国人制作的。

然而，"乾隆年制"款画珐琅菊花纹壶上乾隆四十八年（1783）制作戳记的发现，以及其他令人难以解释的问题，让作者对于乾隆帝的真实意图有了更多的思考。乾隆帝在乾隆四十年（1775）十一月要求粤海关仿制康熙、雍正朝画珐琅器，可菊花纹壶却是在乾隆四十八年（1783）制作完成，乾隆四十九年（1784）才送到宫廷里来，前后历时达九年之久。时间如此之长，可作者并未找到其间粤海关对于制作进展和费用开销的奏报，不排除故意不予记载的可能性。此外,前文已述法国制作的器物与原版康熙、雍正款画珐琅器有诸多差异,尤其是"乾隆年制"款识缺笔漏画、笔顺错乱与器物精美程度形成极大反差,负责验收的官员应该是在确信皇帝知道内情不会怪罪的情形下,才敢将有如此"缺陷"的器物呈送到宫廷里来。还有,法国制作的康熙金胎内填珐琅花卉碗(故珐270)的款识是"康熙御制"而非乾隆帝要求的"乾隆年制",并且其采用的是法国浮雕珐琅工艺,与乾隆帝送到粤海关的原版"康熙御制"款金胎珐琅碗,以及广州本地仿制的"乾隆年制"款金胎珐琅碗采用的画珐琅工艺截然不同,粤海关官员却依然将此呈送到皇帝面前。乾隆帝非但没有生气,反而下旨令粤海关继续仿制。这一反常举动,似乎只能用乾隆帝知晓此乃西洋人所制才能合理解释。

事实上,在发现"coteau"的签名之前,这批法国制画珐琅器物已引起学界的注意,学界对其有比较深入的研究,只不过当时被认为是"广珐琅"。它们在学术研究和展览、图录宣传中被给予高度评价,被认为是乾隆时期画珐琅工艺的代表作品,工艺水平远超康熙、雍正两朝,甚至可以代表清代画珐琅工艺的最高水平。如2018年在青岛举办的"凝华焕彩——故宫博物院藏宫廷珐琅器精品展"中,法国制乾隆款画珐琅菊花纹壶被作为重点推介对象放入独立展柜中,借以展示乾隆时期画珐琅工艺水平;又如在《故宫博物院藏文物珍品大系:金属胎珐琅器》中,对法国制"乾隆年制"款画珐琅牡丹纹海棠式花篮的评语是"此器金属成型和镀金工艺与绘饰技法俱佳,是我国珐琅器制造业辉煌时期的作品"。那么,这样的结果会不会恰是乾隆帝想要达到的目的呢?

回答这个问题前,我们先来看几条清宫旧藏其他品类工艺品的相关记载。故宫博物院收藏有一件"乾隆年制"款掐丝珐琅"寿"字瓶,在法国装饰艺术博物馆的展厅里有一件和其一模一样的瓶子，瓶底的款识却是"大明景泰年制"，查阅清宫活计档得知原来它们是同时制作的：

乾隆二十五年十一月初九日 接得郎中达子押帖一件，内开本月初六日太监胡世杰传旨：着做掐丝珐琅瓶二件，一件刻"大明景泰年制"，一件刻"大清乾隆年制"。先做样呈览，准时再做。钦此。于二十三日郎中达子押帖一件，内开本月二十二日将做得着色瓶木样一件，总管李裕持去交太监胡世杰呈览。奉旨：照样准做二件。钦此。于十二月二十七日郎中达子将做得珐琅瓶二件持进交太监胡世杰呈进讫。

掐丝珐琅工艺俗称"景泰蓝"，景泰年间的掐丝珐琅器肯定是最好，可以成为掐丝珐琅的代称。可是明朝景泰皇帝朱祁钰在位时间仅有八年，当政期间外患内忧连年不断，国力衰败，怎会有余力制作造价高昂的珐琅器呢？

这一直是个未解之谜，目前可以追溯到最早提到景泰掐丝珐琅的文献是孙承泽（明末清初收藏家）在《春明梦余录》中记载明崇祯年间皇家内市中的场景：

宫阙之制，前朝后市。市在玄武门外，每月逢四则开市，听商贾易，谓之内市。灯市自正月初旬起，至月半止，岁惟一举。每月逢朔、望及二十五，则城隍庙市；每月逢三，则土地庙市，谓之外市。然外市系士夫、庶民之所用。若奇珍异宝进入尚方者，咸于内市萃之。至内造如宣德之铜器、成化之窑器、永乐果园厂之髹器、景泰御前作房之珐琅，精巧远迈前古，四方好事者亦于内市重价购之。

可见晚明之际，景泰朝的掐丝珐琅器已经成为竞相收藏的对象。故宫博物院是世界上收藏景泰款掐丝珐琅最多的博物馆，共有一百多件，风格特点极不统一，款识形式也不统一，主要是因为历史上不断有人仿冒改造，然后通过进贡等渠道进入到宫廷。"景泰蓝"是晚清民国之际才在收藏市场被叫起来的称呼，在清代宫廷中一直称其为"掐丝珐琅"或"铜胎掐丝珐琅"。通过上述引用的文献可以看出，不仅民间有仿制景泰款掐丝珐琅的情况，乾隆皇帝自己也下旨仿制；不仅如此，他还同时制作一件完全相同的器物落本朝款识。如此一来，因后世的帝王不会翻阅造办处的档案，看到这两件器物后，一定会认为乾隆朝的掐丝珐琅器能够高度"模仿"景泰朝珐琅器，工艺已经达到了平起平坐的水平。

《春明梦余录》中所言"永乐果园厂之髹器"是指明永乐、宣德时期的宫廷御用雕漆。所谓雕漆，是将漆一层层涂在木胎上，到达一定厚度后再用小刀剔刻出纹饰来。根据漆色不同，我们又分别称为剔红、剔黑、剔黄、剔彩等。明清宫廷制作和使用最多的就是剔红，主要是因为它颜色喜庆。它的制作工艺极其烦琐，费时、费力，就拿积累漆层这个环节来说，一般要涂二十道左右的漆才能形成一毫米的漆膜，每涂一道漆都要等干透了才能涂下一道，一般一天只能涂两三道漆，至少要涂上百道漆才能达到剔刻的要求。光是积累漆层这个环节，可能就要耗费几个月的时间，之后还要经过剔刻、打磨等多个环节。一件明清宫廷使用的雕漆器，从开始准备到最后完成基本都要一到两年的时间。

万历晚期成书的《万历野获编》有云："玩好之物以古为贵，惟本朝则不然，永乐之剔红，宣德之铜，成化之窑，其价遂与古敌。"又云："今雕漆什物最重宋剔，其次则本朝永乐、宣德间所谓果园厂者，其价几与宋埒。"可见，在明万历时期，永乐、宣德朝宫廷御用雕漆已成为当时收藏者的热捧。时至乾隆朝，一生都爱作诗的乾隆帝共为漆器赋诗65首，除了4首系歌咏本朝制作的漆器以外，其余皆为赞颂明代雕漆作品，其中又以赞美永乐朝雕漆剔红为最，达25首。

故宫博物院收藏一件剔红双层牡丹纹盘，通体髹朱漆，盘心刻牡丹纹，外壁刻缠枝花卉纹，外底髹黑漆，中心刻"大清乾隆仿古"款识，足内左侧还有针划"大明永乐年制"竖行款。无论漆色、雕工、款识、断纹等，均符合明永乐朝剔红的特点。之所以有"大清乾隆仿古"款识，乾隆帝无非是想告诉后世之人，此盘是他这个时代仿制而成，为了显示本朝的工艺可以"乱真"，还特别刻上永乐宫廷剔红的标志性针划款"大明永乐年制"（图3-36）。

▶▲ 图 3-36　剔红双层牡丹纹盘（明永乐）及款识·故宫博物院藏

圆盘黄漆素地，盘内雕双层重叠的牡丹，穿枝过梗，各自成章，或露或藏，繁而不乱，娴熟精湛的刀工和装饰风格均为永乐雕漆的标准特征。底部髹黑漆，正中有刀刻填金"大清乾隆仿古"楷书款，为乾隆时期重修底时所刻。明早期这类花卉题材的作品多为黄漆地，不刻锦纹，这种处理方法是对元末雕漆特征的继承。这种花卉题材的作品，通常以数朵盛开的大花为主，四周衬托含苞欲放的花蕾，其构图风格为明永乐雕漆的显著特征。

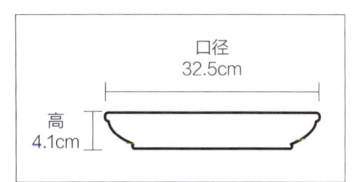

第三章　丰碑永存 | 147

可是，令乾隆帝没有想到的是，二百多年后的人们可以通过科学检测来判别真伪。故宫博物院的工作人员通过一系列科学检测，最终认定此盘上的漆与明代使用的漆相同，与清代使用的漆相去甚远。不只是剔红双层牡丹纹盘，清宫旧藏还有不少明代雕漆器被改成"乾隆年制"款识，其中很多器物并非永乐时期制品，但因其具有时代特色，也被乾隆帝"据为己有"。

如档案记载：

乾隆三年三月十二日 交龙凤雕漆八方渣斗一件。传旨：着将里并底子之漆磨去，另漆底，上刻"乾隆年制"款。钦此。

乾隆帝在掐丝珐琅和雕漆器以及其他品类器物上的仿制和篡改款识的行为，在学术界往往被解释为是他在向经典致敬。但是，还有另外一种解读，即他的这种行为更有可能是想通过器物来体现他统治的时代是中国历史上最好的，是前无古人后无来者的。一件器物或者艺术品往往能体现时代特质，伟大的艺术品往往诞生在伟大的时代，因此，乾隆帝想让后世的子孙皇帝们看到他这个时代的器物，可以比肩甚至超越任何一个时代的经典。

回到最初的问题：乾隆帝为什么要让法国人仿制前朝器物并落本朝款识呢？为什么不存放在乾清宫，却要存放在宁寿宫呢？

理解了这个解读，我们再来看乾隆帝远赴法国定制画珐琅器的行为即变得合情合理。也许他在幻想这样一个场景：当"亿万斯年"之后，后世的子孙皇帝们来到宁寿宫祭天之时，顺便打开了紫檀大柜瞻仰先辈遗物，他们惊讶地发现，乾隆时代追仿前朝的画珐琅器竟然比原件还要精美，于是由衷地赞美这位伟大的皇帝继往开来、锐意进取之精神……这也许才是乾隆帝的真实用意。

也许是巧合，抑或是乾隆帝的有意为之，无论怎样，法国制乾隆款画珐琅器物成为清代乾隆时期宫廷与地方在器物制作方面互动的见证，也是中国与法国在工艺技法上互动的见证，更是中法文化艺术交流的见证。

广珐琅

L'émail de Canton

"广珐琅"一词正式出现于 18 世纪的清宫文献档案中,特指广东进贡的画珐琅器物。在乾隆时期的画珐琅制作中,粤海关起到了不容忽视的重要作用,逐渐成为宫廷画珐琅器的主要承办机构。但在乾隆早期,乾隆帝对广州制作的画珐琅器并不感兴趣,在文献中可以看到:

乾隆十一年 粤海关 四月十九日 ……广珐琅嗣后不必多烧造,寻觅西洋珐琅器皿呈进。

档案中的广珐琅即是广州所产画珐琅器之意,可见彼时的乾隆帝对西洋画珐琅更加感兴趣。但是,到了乾隆十四年(1749),情况就发生了变化:

乾隆十四年 十二月十一日 行文 郎中白世秀、员外郎金辉来说太监胡世杰传旨:着贴款样呈览,准时发与李永标。嗣后凡进珐琅瓶、罐器皿等俱各落款。钦此。

于本月十二日郎中白世秀、员外郎金辉将写得"大清乾隆年制"篆字长方并横款纸样一张持进，交太监胡世杰呈览，奉旨：照样准其发往。钦此。于十二月十五日掌稿笔帖式福宁为往粤海关行文知会讫。

可见此时的乾隆帝又对广州制作的画珐琅表示了认可，可以在其上落款，但为了和宫中造办处有所区分，将"大清乾隆年制"写为篆书款。到了乾隆二十年（1755），广州画珐琅进一步得到皇帝认可，开始奉旨烧造大量器物：

乾隆二十年 一月二日 记事录 员外郎白世秀来说太监胡世杰传旨：着传与李永标将铜胎珐琅盘、碗烧造些，务于端阳节进。再照从前烧造过铜胎珐琅大碗、大罐、大缸亦烧造些，赶万寿节进。如若不得，即行声明。钦此。

于本年四月二十九日员外郎白世秀、副催总舒文将粤海关烧造得珐琅钟、碗、盘、碟等四百七十件，将声说折片一件，随黄册一本持进，交太监张玉、胡世杰转奏，奉旨：知道了。嗣后再传做珐琅盘、碗，不必传做三寸碟。钦此。

于本年七月二十三日粤海关监督李永标送到珐琅瓶、罐、鱼缸十件，由奏事处呈进讫。

至于乾隆帝为何对广州造画珐琅如此青睐，在文献中也可找到答案：

乾隆三十七年 十一月十三日 广木作 于四月二十七日造办处谨奏，据珐琅作员外郎柏永吉禀称：成造紫檀木八方塔供养西洋珐琅画片七百五十二片，

第三章　丰碑永存

约估得每片画二遍，经火三次，必须一工五分工，共计一千一百二十八工。但查现今画珐琅只有黄国茂一人，按工合计约至三年有零方全完。且伊手内现有所画淳化轩珐琅炉、钟、碟等件，并每年应画鼻烟壶，并画赏用翎管等件，此项珐琅画片七百余片如只令黄国茂一人绘画，必至迟滞，理合呈明办理等语。伏思紫檀木塔内供养上珐琅画片七百五十二件虽系小件活计，如交黄国茂一人绘画，又有别项应画之活计，势必日期延缓。再查如意馆虽有珐琅匠谢遂、黄念二名，即将此二人拨与绘画，通计三人，尚须一年有余，而谢遂、黄念等俱有别项应画差务合无。奏请将此样珐琅画片发往粤海关监督德魁办理。彼处匠役人既多，工价亦省，俾能早完此项活计。再查黄国茂手艺迟慢，每遇活计不能迅速，并请交该处另觅好手珐琅匠一名送京更换，庶活计不得迟误，而于钱粮不致虚靡矣。谨奏请旨等因，持进交太监胡世杰转奏，奉旨：珐琅片交德魁往细致里烧造，黄国茂准其更换。钦此。

造办处提出，承接的工作量太大无法完成，建议前往广州制作，理由是：

彼处匠役人既多，工价亦省，俾能早完此项活计。

乾隆帝认可并批准了这个提议，可见广州制造的画珐琅不仅质量过关，经济上的考虑也是其被选择的重要因素之一。不仅是工价便宜，广州制作的珐琅釉料也得到了宫廷的认可：

乾隆四十二年 行文 五月初四日 副都统金辉面奏看得广东西洋珐琅料比较京内西洋珐琅料宝色水头俱各鲜明，奏请向德魁要些亮红、亮绿各样颜色西洋珐琅料送来,以备成做西洋珐琅活计应用。奉旨:准向德魁要。钦此。

于十一月十三日员外郎四德、五德将粤海关监督德魁送到西洋珐琅料六十四斤八两交太监如意呈进交珐琅处。

广州所造画珐琅器多是按照宫廷造办处发来图样制作,有时也会承接皇帝专门下旨指定制作的器物,其中有的是皇帝欣赏的器型或纹样,还有的是仿制前朝所造器物(图3-37~图3-39)。

▲ 图3-37 画珐琅花卉纹炕桌·故宫博物院藏

如意形腿,底釉为黄色珐琅,彩绘缠枝花卉,桌面用铜条隔出长方形开光,桌边内绘粉红色螭纹边饰。束腰处绘蓝色螭纹。底为两条蓝色螭纹环抱红釉"大清乾隆年制"篆书款。此器所施釉色纯正艳丽,釉质细腻莹润,极富光泽。花纹富丽,工艺技法极其考究。难能可贵的是尺寸巨大,充分显示出国产珐琅技艺的纯熟。从纹饰、款识等特点来判断,此炕桌是一件标准的广州作品。

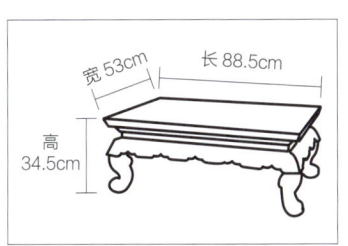

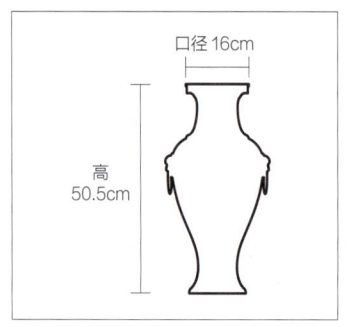

▲ 图3-38　**画珐琅开光风景图海棠式瓶·故宫博物院藏**

　　该瓶近肩处两侧有铺首衔环耳。通体锤揲出西洋蔓草番花纹样，中间露出百花底，腹部有两面开光，描绘西洋人物风景图画。外底白釉，中心有篆书"大清乾隆年制"款识。此瓶为典型的广州作品，满满的西洋风，装饰手法新奇，在清宫旧藏中也是少见。

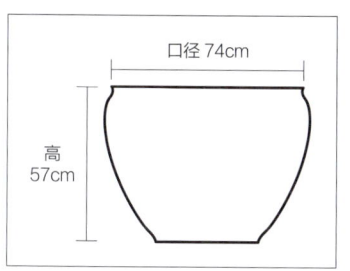

▲ 图3-39　画珐琅开光人物图缸及款识·故宫博物院藏

　　缸圆形，平底。口沿下红色双线方框内书红色"大清乾隆年制"篆书款。通体黄色珐琅为地，彩绘缠枝花卉纹，在花纹之间有四个开光，内绘婴戏、品茗、作画、垂钓等内容的图案，画面中有莲花童子、如意童子以及吉庆有余等寓意吉祥的题材。同样，和上述画珐琅炕桌一样，此器之巨大，在清宫旧藏的画珐琅器中实属罕见，亦是一件比较典型的广州作品。

　　值得一提的是，广珐琅不仅受到宫廷的欢迎，在民间也逐渐生根发芽，从早期贵族专属的奢侈品，变为广州街市店铺里的商品，进而出口国外，成为历史上知名的外贸商品。民间市场的广珐琅商品，质量固然难以企及不惜工本的皇家贡品，但其总体质量和产量一直领先国内其他地区。仿效或移植宫廷的装饰风格，兼具民间世俗的需求，还巧妙糅合西洋装饰元素，再加上低廉的价格，在当时欧洲商人的眼中，实在是不可多得的具有中国特色的商品。从国外来到国内，又从广州行销世界，广珐琅令画珐琅工艺在中国实现了重生和飞跃。

实用性
Utilité pratique

画珐琅器体轻盈又美观,看似比掐丝珐琅器更具实用性,但从文献可以看出,事实恰恰相反,画珐琅器除了陈设外,极少被真正使用过。比如有不少画珐琅盘和碗等看似是生活实用器,但仔细观察这些器物,几乎找不到任何使用痕迹,而掐丝珐琅器则不然。

据乾隆四十四年(1779)膳食档案记载,乾隆帝在乾清宫设家宴的宴桌上,各路碗盘所用的全是掐丝珐琅器皿,而且器底均刻"子孙永宝"款。宴桌按照规定共分八路摆放:二、三路的冷荤食品用掐丝珐琅碗盛装,四路用珐琅盅盛干果、蜜饯食品,五、六路冷菜和七、八路热菜,俱用掐丝珐琅碗,放在皇帝面前的小点心,也用掐丝珐琅碟盛装。而陪桌家人的餐具,则是按不同等级使用各色瓷器及银具。另据乾隆四十八年(1783)正月十五的《膳底档》记载,皇帝早膳用五福(掐丝)珐琅碗、五谷丰登(掐丝)珐琅碗、珐琅葵花盒及金碗、金盘等;午宴用掐丝珐琅碗、盘、碟,陪宴仍用各种瓷器(图3-40~图3-42)。

▲ 图 3-40 "子孙永宝"款掐丝珐琅缠枝莲纹万寿无疆碗及款识

　　铜胎鎏金。圆形，敞口微撇，弧壁，圈足。口沿下松石绿地錾刻鎏金夔龙纹一周。腹部天蓝地，四圆形开光内宝蓝地鎏金"万""寿""无""疆"四字，间彩色缠枝莲纹。近足处松石绿地錾刻鎏金莲瓣纹一周。外底中心阴刻双方框内"子孙永宝"双竖行篆书款。里鎏金光素。

第三章　丰碑永存 | 157

158 | 荣耀时代：皇家珐琅的尘封往事

▲◀ 图 3-41　乾隆款画珐琅母婴图折沿盆及款识·故宫博物院藏

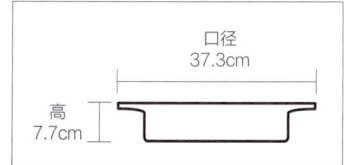

　　盆做菱花瓣式口，折沿，平底。通体黄色釉地，折沿饰各色蝙蝠纹。盆心彩绘母子图，庭院中的梧桐树下，两位头束高髻、衣着华丽的贵妇，一位手持团扇端坐倾听，另一位吹箫，院内二童子正在兴致勃勃地斗蟋蟀。内壁饰莲纹，外壁饰螭纹，外底中心蓝色螭纹环抱红色"大清乾隆年制"三竖行篆书款。

　　盆纹饰描绘精致，特别是母子图画得清雅幽静，具有浓郁的生活气息。器表釉面无开裂，且干净整洁、釉质鲜亮，说明此盆并未真正使用过。

第三章　丰碑永存

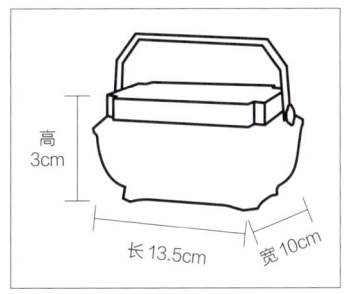

高 3cm
长 13.5cm　宽 10cm

⑫ 手炉

顾名思义为冬季暖手用器物。通常以铜为胎，以圆形、椭圆形为基本形状，再加以装饰性的变化。结构通常分为外壳和内胆两层。铜制内胆用来放置燃烧的炭，架于外壳口沿之上。通过内胆与外壳的空气传导，使得手炉暖而不烫，使用人可手捧或怀抱取暖。手炉盖镂空，以便通风换气。为了携带方便，多数手炉都有可自由活动的提梁。据记载，清宫取暖所用的炭称为红箩炭，由易州所产硬木烧制而成。红箩炭坚硬耐烧，灰白不爆，还可根据需要随意锯截成段，使用极为方便，很适用于手炉。时至今日，在故宫博物院所藏的个别手炉中仍可见残留下来的灰白色炭灰。最早的手炉出现于明晚期，由两位制作铜器的著名工匠制作而成。

◀ 图 3-42　**乾隆款画珐琅开光人物图手炉**⑫ **及款识**

长方形，委角，方提梁，内置铜胆，铜镀金镂空盖，长方委角拱形圈足。器身四面开光，内彩绘仕女图，其内容表现中国古代传统"四艺"题材，即琴、棋、书、画各一幅。开光外黄色珐琅釉地，满饰缠枝花卉纹。外底白地，中心红色框内书红色"大清乾隆年制"三竖行篆书款。

清宫旧藏数十件画珐琅手炉，其中绝大多数手炉内胆中未见残留炭灰，且器表釉面完整无缺没有开裂，故推测这些手炉未曾使用过。极有可能，清代宫廷的画珐琅手炉因美观但又相对脆弱的特性，使得其只用来陈设观赏，并不真正用来取暖。

在文献中还可以看到，画珐琅器被掐丝珐琅器物替代的记载。如大臣向乾隆皇帝奏报在皇太后陵寝中使用的画珐琅器物釉面开裂，请求更换，乾隆帝批复"西洋珐琅不似掐丝珐琅经久……不必做西洋珐琅，做掐丝珐琅"。这里的"西洋珐琅"当然不是说要赴西洋定制，而是指工艺来自西洋的画珐琅。

可见，掐丝珐琅器皿的实用性远强于画珐琅器，且品级也高于其他御用器皿。这一现象很有可能与画珐琅器容易损坏有关系。尽管时至乾隆朝，国产画珐琅器已经有大器出现，但是如何保证珐琅比较结实地附着在胎体之上，这一问题一直没有得到很好的解决，从清宫旧藏的画珐琅器上可以清楚地看到这一特点——较小器物上的珐琅釉比较完整且没有裂纹，但在大器物上则裂纹频现。相对于掐丝珐琅器，画珐琅器一旦使用不慎，如磕碰或在过冷、过热的环境当中使用，都会导致釉面开裂，甚至珐琅釉大面积脱落。应该是出于这个原因，仅有小部分画珐琅器物在实际生活中被使用，大部分画珐琅器物则只是用来观赏、陈设，并没有实际使用。

关于艺术
À propos de l'art

  乾隆时期的画珐琅器集前两朝之大成，相比康熙朝、雍正朝画珐琅器，纹饰争奇斗艳显得热闹非凡。在档案中即可看到乾隆帝对珐琅纹饰的要求，如乾隆元年（1736），乾隆在看过太监呈览珐琅作制作的鼻烟壶后，即传旨："鼻烟壶上花卉画得甚稀，再画时画得稠密些。"对于皇帝的要求，工匠肯定是马上照办。上有所好，下必甚焉，乾隆一朝的画珐琅器乃至其他器物的装饰风格由此越来越繁缛华丽是很自然的事情。

  形成强烈反差的是，相比康熙、雍正朝画珐琅器上刻意回避、隐藏的西洋装饰手法和主题，乾隆朝画珐琅器则毫不回避大胆采用，有些依然是中国故事，但主角却变成了西洋人物，还有的索性原样照搬了西洋器物上使用的纹饰，表现出强烈的自信。

器型方面也呈现异彩纷呈的状态，很多种造型都是以前从不曾出现过的，直至本朝创制出来。还有的与前朝器物造型一模一样，只不过款识为乾隆款，前文已述，乾隆帝此举有可能是在向先辈致敬，但也有可能是在暗中比较，使后世帝王子孙肯定自己的功绩。

除了纹饰的繁缛、器型的创新外，还有一个突出特点是，采用各种工艺集于一身的装饰手法。主要体现为以画珐琅工艺为主，兼用另一种珐琅或其他工艺的复合装饰，如掐丝珐琅与画珐琅工艺的结合，铜镀金錾刻工艺与画珐琅工艺的结合，如此种种，无不体现皇家的奢华风格（图3-43~图3-56）。

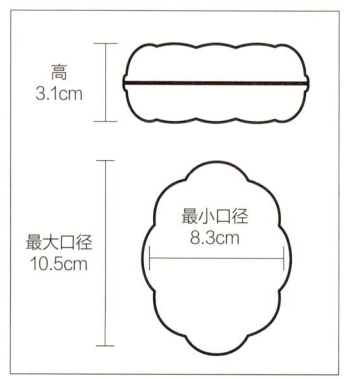

▲ 图 3-43　乾隆款画珐琅西番莲纹椭圆瓜棱式盒及款识

　　铜胎鎏金。椭圆形八棱瓜式，子母口。外壁通体黄地，器盖、器身均绘红、蓝、紫、黄绿西番莲纹各 8 朵。盖顶中心红色盛开莲花 1 朵。器底中心白地蓝色"乾隆年制"双竖行楷书款，外围红、蓝八边形框，八角各托莲花一朵。器里天蓝地光素。此盒造型完全按照康熙款画珐琅莲纹椭圆瓜棱式盒仿制而成。

▲ 图 3-44　乾隆款画珐琅牡丹纹唾盂·故宫博物院藏

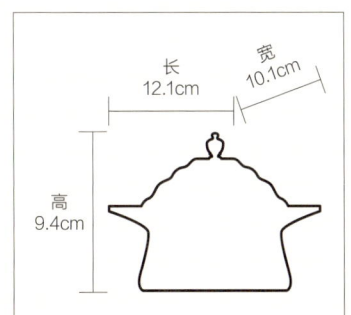

铜胎鎏金。四方委角如葵瓣式，折沿，有盖及随形漏斗和内胆。盖高隆，葵花式，顶立铜鎏金宝瓶式钮。盖面黄地，饰粉色牡丹花 1 朵。器身黄地，口沿上缠枝莲纹，沿下各色卷草纹及结绳纹，外壁四面折枝牡丹图。盂内及底白地光素，外底中心蓝色双方框内"乾隆年制"双竖行楷书款。盂内附随形漏斗，中心有凹孔，面黄地缠枝莲纹，边沿环绕宝蓝色如意云头纹，底天蓝地。随形内胆外宝蓝地描金牡丹图、芝草图、葫芦图及梅花图，胆内、外底白地光素。

唾盂又称"渣斗""唾器"，用来盛装唾吐之物。在清代宫廷中，常置于皇帝宝座及床榻上。清宫传世画珐琅唾盂中带年款的极少。档案记载，乾隆二十七年（1762），乾隆帝曾旨令造办处"嗣后烧造痰盂时不必落款"。据此推测，此件唾盂应是乾隆早期制作的。

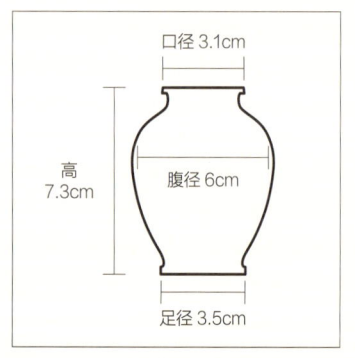

▲ 图 3-45　乾隆款画珐琅缠枝花卉西洋人物图盖罐及款识·故宫博物院藏

铜胎鎏金。圆形,束颈,丰肩,敛腹,圈足。口沿下依次连续回纹、如意云头纹各一周。器身紫色地,前后两开光内绘西洋人物图,开光外缠枝花卉纹。足上回纹一周。外底白色地,中心蓝色双方框内"乾隆年制"双竖行楷书款。罐里施天蓝色珐琅釉。

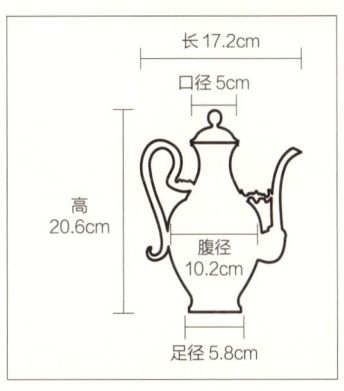

▲ 图3-46　**乾隆款画珐琅缠枝花卉开光西洋仕女图执壶及款识·故宫博物院藏**

　　铜胎鎏金。圆形，盖隆起，宝珠钮，撇口，束颈，丰肩，鼓腹，下部收敛，足微撇，圈足平底。腹部前出兽吞流，后接龙首高曲柄。壶盖黄地，盖面绘花卉一朵，四周围绕苋苔卷叶缠枝一周。颈部淡绿色缠枝花纹底开光两个，内绘白地折梅图，近肩处一周苋苔纹。腹部前后各一开光，内绘西洋仕女婴戏图，开光外黄地缠枝花卉纹。足部一周白地蓝色回纹。外底白色，中心蓝色双方框内"乾隆年制"双竖行楷书款。

第三章　丰碑永存　　167

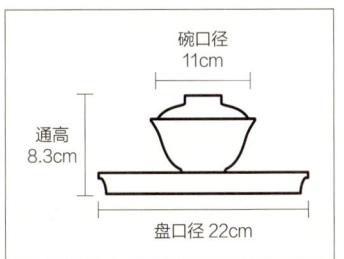

▶▼◀ 图 3-47　乾隆款画珐琅丹凤纹盖碗、碗身平面展开图及款识·故宫博物院藏

　　铜胎鎏金。撇口，斜弧腹，圈足，有覆盏式盖。托盘花瓣式折沿口，直壁，随形圈足，中心凸起碗槽。盖钮中心白地，蓝色双方框内"乾隆年制"双竖行仿宋体款，钮外壁黄地回纹，钮下莲瓣纹一周，盖面黄地凤穿牡丹纹四组，边缘如意云头纹一周。碗外壁近口缘处如意云头纹一周，腹部黄地双凤穿牡丹纹二组，足外壁回纹一周。外底白地，蓝色双方框内"乾隆年制"双竖行楷书款。盖、碗里天蓝地光素。托盘折沿白地蓝色卷草纹一周，内壁天蓝地各色卷草纹，盘心黄地舞凤纹八，碗槽外壁绿色夔龙纹一周，中心盛开蜀葵纹一朵。盘外壁黄地各色夔龙纹八。外底蜀葵花瓣纹，凹槽内壁绿色缠枝花卉纹，中心蓝色回纹围绕红色双圆圈内"乾隆年制"双竖行楷书款。此盖碗色彩强烈而协调，纹饰描绘精细、寓意吉祥，可谓皇家御用画珐琅器物精品。

第三章　丰碑永存　　169

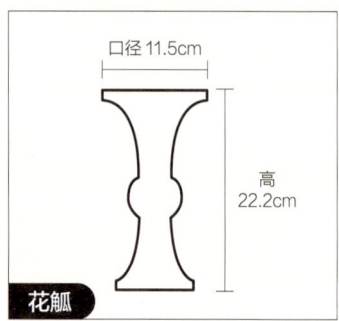

口径 11.5cm
高 22.2cm
花觚

高 22.7cm
底径 9.7cm
蜡台

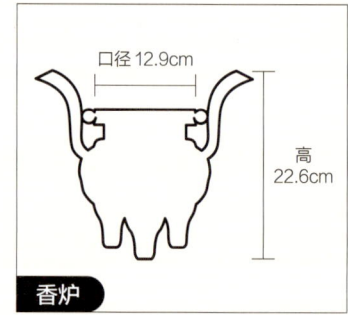

口径 12.9cm
高 22.6cm
香炉

◀ 图 3-48　乾隆款画珐琅五供·故宫博物院藏

　　五供是祭祀时使用的五件一套供器，包括一件香炉、一对蜡台、一对花觚，用来安放香、灯、花等供品。

　　香炉，铜胎鎏金。圆形，折沿口，束颈，鼓腹，三足，朝冠耳，口耳连接处为铜钱式镂空圆柱。通体天蓝地缠枝西番莲纹为底，口缘外壁四开光内松石绿地瓜瓞纹，颈部錾刻六朵花瓣，肩部錾刻莲瓣纹一周，腹部錾刻茛苕纹勾勒四开光，内松石绿地各绘瓜蝶纹、葫芦蝶纹。外底中心红色双方框内"乾隆年制"双竖行楷书款。三足底鎏金光素，中心各有一孔。里白地光素。

　　蜡台，铜胎鎏金。圆形，双重圆盘，中贯竹节式圆柱，座为覆钟式，圈足，有蜡扦。通体天蓝地彩色缠枝西番莲纹。大、小盘，座上鼓节上下均有绶带纹一周。鼓节上蝠莲纹四组。座上錾刻莲瓣纹一周，外壁錾刻茛苕纹勾勒开光四，内松石绿地绘瓜蝶纹。外底白地，中心红色双方框内"乾隆年制"双竖行楷书款。大、小盘里白地光素。

　　花觚，铜胎鎏金。敞口，束颈，鼓腹，高足外撇。通体天蓝地彩色缠枝西番莲纹。口、足外壁各一周绶带纹。口缘下如意云头纹一周。腹部上、下錾刻蕉叶纹、莲瓣纹各一周，腹部錾刻茛苕纹勾勒开光四，内松石绿地各绘瓜蝶纹、葫芦蝶纹。外底白地，中心红色双方框内"乾隆年制"双竖行楷书款。里白地光素。

　　此五供施釉色达十余种，釉色莹润匀净，花纹描绘精细，造型规整，镀金饱满，充分显示出乾隆时期画珐琅的高超技艺。

◀ 图 3-49　乾隆款画珐琅开光山水人物花鸟图八棱提梁壶·故宫博物院藏

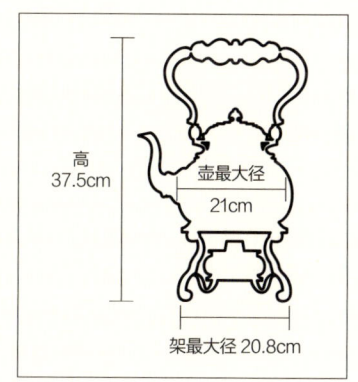

　　铜胎鎏金。壶身八棱，束颈鼓腹，曲流圈足，附盖及铜鎏金兼金星玻璃提梁。盖顶立铜鎏金钮，钮下依次粉地缠枝菊纹与黄地朵花纹。颈部黄地缠枝花卉纹。腹部以蓝色蝠纹界出八面开光，内山水人物图与花鸟图相间。壶流根部黄地缠枝花卉纹。壶外底白地，中心蓝色双方框内"乾隆年制"双竖行楷书款。壶里天蓝地。架八棱式，双层，上层托壶，下层托炉，四涡卷式足。炉八棱式，扁圆腹，圈足平底。炉盖面圆形凹陷处绿地缠枝花卉纹连鎏金八棱帽。帽顶黄地卷草纹，中心粉地变体"寿"字，侧壁蓝地缠枝花卉纹。炉腹八面蓝地回纹界出开光，内黄地朵菊纹。炉底白地，中心粉色竹芝纹内书蓝色"乾隆年制"双竖行楷书款。

　　提梁壶的制作集中了金属、珐琅和料器等多种工艺。其造型仿西洋式样，图案花纹却是中国传统的山水花鸟画，用笔工致，当出自御用名家手笔。此壶是一件融东、西方文化为一体的画珐琅精品。

第三章　丰碑永存

▸▲ 图 3-50　**乾隆款画珐琅西洋人物图盖罐及款识·故宫博物院藏**

　　铜胎鋈金。圆形，口微撇，束颈隆肩敛腹，亭式盖，圈足。盖顶錾刻莲瓣托圆珠钮，之下莲瓣纹一周。盖面灰蓝地黄色茛苕纹环绕葡萄叶纹开光四个，内分别绘西洋人物图。颈部黄地茛苕花卉纹间婴戏图。肩部银鋈金錾刻西洋战争场景一周，肩、颈处附卷草式四系。腹部灰蓝地黄色茛苕纹开光四个，内绘西洋母婴、少女图，腹部上下錾刻卷草纹各一周。足外壁红色缠枝莲纹一周。外底白地，中心蓝色双方框内"乾隆年制"双竖行楷书款。四仰足圆座，外壁银鋈金錾刻西洋战争场景一周。

　　中国传统工艺品，尤其是宫廷御用之物所采用的装饰题材通常"图必有意，意必吉祥"。然而此盖罐上铜鋈金錾刻的纹饰却是战争场面，且把残酷血腥的砍杀动作真实地表现出来。此种表现方式实在令人称奇，在清宫旧藏上百万件文物中实属罕见。

第三章　丰碑永存　　　175

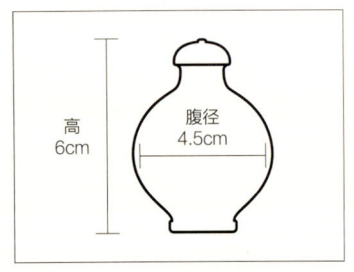

▲ 图 3-51　乾隆款花蝶纹鼻烟壶及款识·故宫博物院藏

　　鼻烟壶扁瓶形，椭圆形圈足。壶体满饰石榴、葡萄、佛手、桃、豆角、柿子等蔬果，一只蝴蝶在果实中展翅飞舞，寓意"多子、多福、多寿"。肩饰蓝色垂云纹，颈饰粉红色缠枝花纹。底施白釉，中心书蓝色"乾隆年制"双竖行楷书款。铜镀金錾花盖连象牙匙。

▲ 图 3-52 乾隆款画珐琅开光人物图梅花式盒

铜胎鎏金。六瓣瓜棱式，子母口，圈足。盖顶錾刻俯仰莲瓣抱珠钮，钮下錾刻莲瓣纹一周。向下依次为：黄地缠枝花卉纹，间蓝色螭纹开光六个，内绘山水人物图。盖中部錾刻云螭纹一周，下部黄地西番莲纹六朵，间卷草纹开光六个，内分别绘西洋仕女、母婴图。盖边缘錾刻卷草纹一周。器身口缘錾刻卷草纹一周，腹部黄地西番莲纹，间蓝色卷草纹开光六个，内绘四季花卉图。足外壁蓝色卷草纹。外底白地，中心蓝色双方框内"乾隆年制"双竖行楷书款。盒里天蓝地光素。

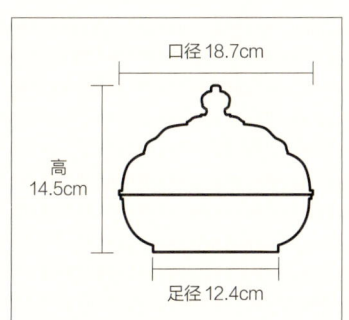

第三章 丰碑永存 | 177

◀▲ 图 3-53　乾隆款画珐琅花蝶纹开光西洋人物图盖罐及款识·故宫博物院藏

　　铜胎鎏金。罐圆形，短颈，鼓腹，高足，铜钮盖。通体蓝绿色地百花蝴蝶纹。颈部、鼓腹与足部前后对称开光，开光内绘西洋人物风景图。足底白色，中心蓝色双方框内"大清乾隆年制"三竖行楷书款。

▲ 图 3-54　乾隆款画珐琅开光花鸟山水图盖碗·故宫博物院藏

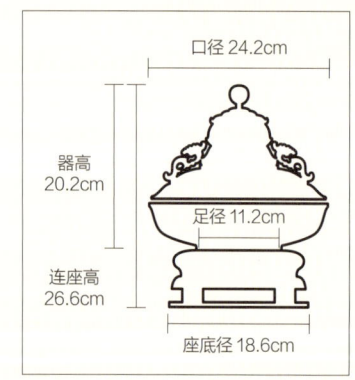

铜胎鎏金。圆形，敞口浅腹圈足，上有高顶，龙耳，提梁碗盖。盖顶莲花纹圆珠钮，下錾刻莲瓣垂叶式高顶，下黄地缠枝莲纹一周。盖面錾刻云蝠纹，两侧提梁根部各嵌绿玻璃两粒，左右夔龙耳对应。盖边缘天蓝地彩色缠枝莲纹一周。盖里天蓝色地光素。器身外壁黄地缠枝莲纹间大小开光六个，大开光内花鸟图，小开光内胭脂粉色山水图。足外壁卷草纹一周。外底天蓝地，中心蓝色双方框内"乾隆年制"双竖行楷书款。碗心绘佛手、石榴、仙桃吉祥图案。附掐丝珐琅垂云四足圆座，海蓝色地饰缠枝莲及梅花纹。此盖碗即是一件典型以画珐琅工艺为主，又融合掐丝珐琅、铜鎏金錾刻等工艺技法制作而成的器物。

180　｜　荣耀时代：皇家珐琅的尘封往事

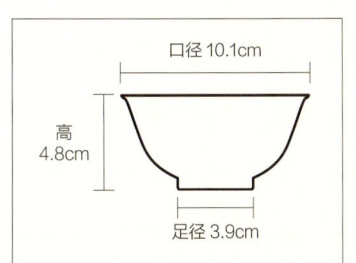

▲ 图3-55 乾隆款珐琅彩锦地团花八吉祥纹"寿"字碗及款识·故宫博物院藏

碗撇口，弧腹，圈足。此碗内、外均有纹饰。内心胭脂彩绘山水亭树，再以墨彩点缀。外壁黄地龟背锦地纹，上书四个蓝色变体"寿"字，外环缠枝花纹，间隔处饰四组莲托八吉祥纹。外底白色地上蓝色双方框内"乾隆年制"双竖行楷书款。此碗工巧精细，纹饰绚美，令观者赏心悦目。

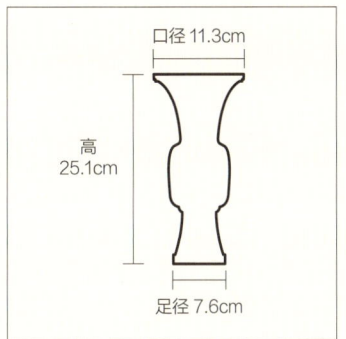

◀ 图 3-56　乾隆款画珐琅开光西洋人物图花觚·故宫博物院藏

　　铜胎鎏金。仿青铜方觚器形，侈口撇足，腹部微凸起成圆角四方形。通体黄地，颈部四面开光，内绘红彩珐琅西洋风景图。腹部以蓝色莨苕纹勾勒四开光，分别绘两幅西洋男子肖像和两幅西洋妇孺图。颈部与足部錾刻鎏金蕉叶纹。外底白色，中心黑色双方框内"乾隆年制"双竖行楷书款。觚里施豆青色釉。

　　此觚为仿古青铜器之造型，而花纹图案却表现了西洋人物，是乾隆时期一件中西合璧的画珐琅精品。

　　历史学家戴逸先生通过研究指出，康雍乾盛世是中国历史上发展程度最高、最兴旺繁荣的盛世。然而，康雍乾盛世把中国带入一个辉煌的时期，却也成为两千年来帝国时代的夕阳，衰败随之而来。画珐琅的发展脉络也是伴随着三朝的发展，经历了一个从初创到辉煌的过程，体现着盛世欣欣向荣、朝气蓬勃的气象。

　　然而，伴随着国力的日渐衰败，画珐琅器在之后的帝王眼中已失去可与西洋一较高下的作用，不再具有宣传、纪念帝国伟大功绩的功能，只是在宫殿里陈设观赏的普通工艺品。嘉庆朝画珐琅器遗存不过数件，应是乾隆朝制作的余绪。从此一直到清末，宫廷造办处几乎不再制作画珐琅器，完全依靠定制采买和地方进贡，无论数量还是质量，都无法与康雍乾三朝的器物相提并论。

　　康雍乾三朝画珐琅器的出现，虽然在历史长河中只是昙花一现，却是中国最后一个帝国与西洋相互交流、影响的物证，其历史和美学的双重意义都值得深入研究。乾隆帝幻想他和先辈的功绩一定会被后世子孙纪念和歌颂，然而不过两百多年的时间，这些曾经的荣耀被尘封在破旧的房屋中无人知晓。发现它们的人们不知道它们为何存放在那里，更不知道它们曾代表着大清帝国的辉煌，以及康雍乾三代帝王赶超西洋的自信与荣耀。

这本书源自一次聚会。当时，我全然不顾朋友们想尽快享用美食的迫切需求，眉飞色舞地讲述不久前在工作中的一个意外发现：一件清宫旧藏"乾隆年制"款的画珐琅器物上，居然有西洋工匠的签名，然后我又是如何顺藤摸瓜发现了一批有乾隆款识的画珐琅器物都是在法国定制的，而这一切很可能都是乾隆帝蓄意的谋划……尽管我力图言简意赅地把这个发现以及它的历史背景交代清楚，可依然用了很长时间才说完。难为朋友们出于礼貌，时不时要放下手中美食，微笑地看着我，这其中听得最认真的，就是本书的编辑李文瑶女士。

饭后，文瑶跟我说："王老师，您说的这些内容特别有意思，愿不愿意把这些内容写本书呢？"

为什么不呢？

和大多数人一样，我最初对珐琅一无所知，还记得第一次见到这些铜胎画珐琅文物时，心想这表面的材质不就跟小时候用的搪瓷脸盆一样嘛！原来大清朝就有了啊！真好看啊！很多年过去了，虽然一直接触这些无比精美的文物，但我对它们的认知依然停留在只是供帝王赏玩的器物而已。

直到陆续拜读香港中文大学许晓东老师，还有台湾大学施静菲老师等人的相关研究著作后，才意识到原来画珐琅并不简单。作为外来工艺，在康雍乾这三位有作为的皇帝眼中，画珐琅器既是陈设赏玩的器物，又是对外宣扬实力，对内提振士气、拉拢群臣的政治工具。

掌握了这些背景信息，再来观察乾隆帝在重要宫殿集中收藏康雍乾三朝画珐琅器，仿制康雍两朝画珐琅器并落本朝款识，以及定制法国造仿康雍两朝画珐琅器并落本朝款识等一系列行为，自然可以得出符合逻辑、令人信服的解释。

为了更深入地研究，我们曾挑选标准且具有研究价值的康雍乾画珐琅器送到故宫博物院文物保护标准化研究所进行检测。现在依然清楚地记得,当检测人员给我打电话,十分肯定地告诉我,"康熙款画珐琅缠枝莲纹菱花式盘"就是采用国产珐琅釉料而非西洋进口釉料烧制的时候,我拿着手机的手竟然有些颤抖。当时心情真是特别的激动,现代科学技术证明了文献的记述是真实的,康熙帝用了二十多年的时间,使得中国的珐琅釉料可与西洋釉料一较高下,令西洋诸国使臣不敢再拿画珐琅器在其面前炫耀。他的良苦用心穿越了三百多年依然深深地打动了我,令我为之骄傲、为之折服。

毋庸置疑,康熙帝此举肯定是为了自身乃至大清帝国的统治,但他这种不服输的精神,对现如今的我们依然有借鉴意义。当今世界科技为王,发达国家不愿看到中国的崛起,对中国实行技术封锁"卡脖子"。面对种种困难和挑战,我们不能气馁,更不能屈服。鲜活的文物和历史就摆在我们的面前,它告诉我们,只要我们虚心学习,只要我们耐心钻研,没有中国人克服不了的困难!没有中国人迈不过去的坎!

习近平总书记曾说:"文化自信是一个国家、一个民族发展中最基本、最深沉、最持久的力量。"如此精美的器物,如此精彩的历史,作为一个文物保护、研究者,我有责任、有义务做好宣传工作,把它们呈现在大家面前,让更多的人响应总书记的号召,树立、坚定我们的文化自信。

感谢湖南科学技术出版社不以浅陋约稿于我。限于学力,书中疏漏之处在所难免,敬请读者不吝赐教。

图书在版编目（CIP）数据

荣耀时代：皇家珐琅的尘封往事 / 王鬻著.
长沙：湖南科学技术出版社，2025.2.
ISBN 978-7-5710-3281-4

Ⅰ．K876.4

中国国家版本馆 CIP 数据核字第 2024KE1302 号

RONGYAO SHIDAI: HUANGJIA FALANG DE CHENGFENG WANGSHI

荣耀时代：皇家珐琅的尘封往事

著　　者：王　鬻
出 版 人：潘晓山
责任编辑：李文瑶　梁　蕾　张　新
出版发行：湖南科学技术出版社
社　　址：长沙市芙蓉中路一段 416 号泊富国际金融中心
网　　址：http://www.hnstp.com
湖南科学技术出版社天猫旗舰店网址：http://hnkjcbs.tmall.com
邮购联系：本社直销科 0731-84375808
印　　刷：长沙超峰印刷有限公司
　　　　　印装质量问题请直接与本厂联系
厂　　址：宁乡市金洲新区泉洲北路 100 号
邮　　编：410600
版　　次：2025 年 2 月第 1 版
印　　次：2025 年 2 月第 1 次印刷
开　　本：889 mm×1194 mm　1/16
印　　张：12.5
字　　数：209 千字
书　　号：ISBN 978-7-5710-3281-4
定　　价：128.00 元

版权所有·翻印必究